日本の都市をめぐる

魅力ある都市《まち》づくりのヒント

斯波照雄

学文社

まえがき

中央大学の学術講演会、研究所の調査や商学部ゼミ、学部横断ゼミＦＬＰなどの調査合宿でお世話になった都市について『中央評論』に書き始めたのは、西洋の都市について書いてきたものが、『西洋都市社会史―ドイツ・ヨーロッパ温故知新の旅―』として学文社から出版され、一区切りついた時であった。途中、中央大学から短期の在外研究の機会を与えていただいたハンブルク大学での経験を書いたため一回休み、定年退職するなどのことはあったが、北は函館から南は那覇まで各都市で経験したこと、考えさせられたこと、どうしたら各都市が元気になれるだろうかなど素朴な思いを書いてきた。個別都市のそれぞれの特徴を生かした活性化を考えてみたのである。しかし、すでに一番古い原稿は五年前のものであり、これまでの原稿に書かれた内容は、その時よりだいぶ前の記憶である。年を取って物覚えも悪くなり、思い違いがあるかもしれないし、何よりも各都市の「現在」ということでいえば、書かれているのは昔のことであり、都市の現状を知り、発展を考える上で直接的にはあまり参考にならないのかもしれない。他方で、極端な変貌を遂げた都市は多くないようにも思うし、過去の記述から現在に至る過程や変化を読み取るところから、今後の都市の在り方を考えてみるのも無駄なことではないようにも思う。

筆者の専門は西洋経済史であり、主に北ドイツの都市の歴史的な経緯を比較研究してきた。ヨーロッパの都市史研究者の多くは自らが最も愛する都市の研究者であり、大量の史料を用いてその都市の素晴らしさを説いているようにも感じる。それ自体は問題ないのであるが、あまり他都市と比較はしない。ともすると他都市との比較は自都市の素晴らしさを強調するためのものになってしまうことも少なくない。今や日本の研究者の著作にはドイツの研究者と変わらないほどのレベルのものもあるが、当然のことながら、日本の多くの西洋都市史研究は、生まれ育った西欧人の都市の研究、評価にはおよばないものが多い。その差を埋める努力は必要であろうが、遠く離れた日本での西洋都市史研究の意義の一つは、近くにいるとかえって見えない、気が付かない部分を、外部からの第三者目線で捉え直すことであるように思うのである。

しかし、その後、日本のまちづくりにも少なからず影響を与えてきたヨーロッパ都市、その現代都市に直接つながる中世都市の特徴、地域的な違いについて研究を進める過程で、ヨーロッパの各地域にとって必要であったからこそ現代にまでつながった点では共通し、しかも類似した環境にありながら、発展した都市とできなかった都市があることが気になり始めた。その理由を探るうちに発展した都市の要因を日本の都市に応用すれば、都市を元気にすることにもつながるのではないかと考えるようになったのである。

そこで中央大学の学術講演会で講演させていただいた際には、まず、発展した西欧都市ハンブルクの事例を紹介し、その上で、講演で訪れた都市の現在に至るデータに基づいて現状を評価するという現実的な話を主にさせていただいた。そこから各都市の今後の発展に向けた指針などについて話して終えた。同様の過程をゼミ生には調査都市の報告書についてまとめる上で指導した。こうした講演やゼミ報告書の内容に加え、各都市で経験したこと、特に食べた料理や飲んだ各地の地酒のことなど思い出しながら、書いてきたのが『中央評論』の「日本都市紀行」であったが、考えてみればこれらは個人的「感想」にすぎないのかもしれない。

三〇代の半ば頃、五〇％もの精白酒米山田錦を使った高価な日本酒が登場してきた丁度その頃であったが、著名な日本史研究者で、立命館大学の教授でいらした奈良本辰也先生が昭和六〇年に淡交社から出された『日本地酒紀行』、を読んだ。その時、図々しくも自分もいつかはこのような本を書いてみたいなどとひそかに思ったことを思い出す。昔のそうした思いが、ここまで続ける原動力の一つになったような気もする。そして、何よりも各都市で「こんなことがあった」「こんなことを考えた」ということを是非知ってほしいという思いが継続を後押ししてくれたように思う。もし、本書で取り上げた都市に興味を持ち、観光施設をめぐるだけでなく、都市への関心を一歩進めたまち歩きを楽しんでいただけたなら嬉しい。各都市の素顔から見える隠れた魅力を見出し、もっとこうすれば外来者は喜ぶのになどといった改善点を考えることも楽しいのではなかろうか。あまり意識していた訳ではなかったが、後から振り返ってみると、各都市ではゆっくりまち歩きをして見えてきたその特色から始まり、どのように外来者の来訪を促すか、それには旨い食べ物、旨い酒が効果的という「画一的な」内容になってしまった。もう少しバラエティーに富んだ構成の方が読者の皆様の興味を引き出すことができたような気もするが、ご寛恕いただきたい。

それにしても現役教員最後の頃から約五年半、随分長い間書かせていただいたものである。年号が平成から令和に変わり、一時はコロナ禍で旅行も制限を受けた。「継続は力なり」というが、「どうしても伝えたいという思いから書く」が、長く続けていると弱まり、マンネリ化を引き起こすものでもある。ゼミ合宿や講演、研究所の調査などで伺った都市はまだまだ尽きないが、なんとなく「書き終えること」が現実となってきた。丁度この辺が潮時かと思い、令和五年に半端ではあるが二一都市目の熊本市について書いたところで一応の区切りをつけさせていただき、それらの都市から学ばせていただいた「日本の都市の活性化」について個人的な「まとめ」をさせていただいた。まちの活性化に少なからず志を有する方に参考にしていただけるなら、それは望外の喜びである。

講演をさせていただいた都市は、取り上げた都市のほか、多数にのぼる。企業研究所の調査合宿でお世話になった都市を加えるとさらに都市数は増える。随分と多くの都市でお世話になってきたものである。とても全ての都市については書けそうもないが、改めて態勢が整い、機会があれば一部の都市については書かせていただきたいと思う。いずれにしても多くの都市の関係者の皆様にはお世話になった。改めて御礼申し上げたい。

今年で四分の三世紀を生きてきたことを人生の一つの区切りとして、これまで『中央評論』に書いてきた「日本都市紀行」をまとめようと思い作成したのが本書である。次は喜寿そして傘寿を目標に元気に過ごしていければと思うが、先のことはわからない。思い立った時に実行した次第である。各都市の記述のうち一部は、新たなデータを加え修正をしたが、内容に変更はない。

出版ができたのは、多くの方々のご協力をいただいた結果である。何よりもまず、学文社の田中千津子社長は前の二著に続き、今回も親身になって話を聞いて下さり、出版事情の厳しい中、筆者の思いをくみ取って出版を決断して下さった。出版部の中沢希実子さんには、『中央評論』掲載最初の三島市に関する三〇六号から鹿児島市について書いた三二一号までお世話になったが、内容の確認から文章の点検に至るまで本当に細部にわたって意見を寄せ、また励まして下さった。それは後任の小島啓二さんも同様であった。こうした皆様の助力がなければおそらく本書の出版は実現しなかったであろう。取り上げた都市でお世話になった方々には当該の『中央評論』を送らせていただいたが、多くの方々から応援のメッセージをいただいた。中央大学の学内の先生、職員の方々からも意外なほどに「読んでるよ」とお声がけいただいたり、感想等を聞かせていただいた。それらが継続の力ともなった。特にお名前は記さないが、感謝したい。本書の装幀もまた娘の中学時代の友人山辺りさき氏にお願いしたが、素敵に仕上げてくれたことに御礼申し上げたい。原稿の段階で読んだ感想とともに、文章への意見を付してくれた妻信子にも感謝したい。

斯波　照雄

二〇二四年七月

初出は、次の通りである。

「日本都市紀行―三島で考える」『中央評論』第三〇六号、二〇一九年二月
「日本都市紀行―高知で考える」『中央評論』第三〇七号、二〇一九年五月
「日本都市紀行―山形で考える」『中央評論』第三〇八号、二〇一九年七月
「日本都市紀行―和歌山で考える」『中央評論』第三〇九号、二〇一九年一〇月
「日本都市紀行―佐賀で考える」『中央評論』第三一一号、二〇二〇年四月
「日本都市紀行―金沢で考える」『中央評論』第三一二号、二〇二〇年七月
「日本都市紀行―松江で考える」『中央評論』第三一三号、二〇二〇年一〇月
「日本都市紀行―八戸で考える」『中央評論』第三一四号、二〇二一年一月
「日本都市紀行―長崎で考える」『中央評論』第三一五号、二〇二一年四月
「日本都市紀行―奈良で考える」『中央評論』第三一六号、二〇二一年七月
「日本都市紀行―姫路で考える」『中央評論』第三一七号、二〇二一年一〇月
「日本都市紀行―函館で考える」『中央評論』第三一八号、二〇二二年一月
「日本都市紀行―那覇で考える」『中央評論』第三一九号、二〇二二年四月
「日本都市紀行―長野で考える」『中央評論』第三二〇号、二〇二二年七月
「日本都市紀行―鹿児島で考える」『中央評論』第三二一号、二〇二二年一〇月
「日本都市紀行―掛川で考える」『中央評論』第三二二号、二〇二三年一月
「日本都市紀行―下関で考える」『中央評論』第三二三号、二〇二三年四月
「日本都市紀行―盛岡で考える」『中央評論』第三二四号、二〇二三年七月
「日本都市紀行―いわきで考える」『中央評論』第三二五号、二〇二三年一〇月

初出一覧

「日本都市紀行—新潟で考える」『中央評論』第三二六号、二〇二四年一月
「日本都市紀行—熊本で考える」『中央評論』第三二七号、二〇二四年四月
「日本の都市の活性化を考える」書下ろし

目次

① 函館
② 八戸
③ 盛岡
④ 山形
⑤ いわき
⑥ 新潟
⑦ 長野
⑧ 金沢
⑨ 三島
⑩ 掛川
⑪ 奈良
⑫ 和歌山
⑬ 姫路
⑭ 松江
⑮ 高知
⑯ 下関
⑰ 佐賀
⑱ 長崎
⑲ 熊本
⑳ 鹿児島
㉑ 那覇

第一章 函館市

はじめに

平成二四年の九月にゼミ生が選んだ函館市でゼミの調査合宿を行った。毎年北海道の都市については調査の希望は出ており、北海道の「食」、特に魚介類について個人的に魅力を感じてはいるのだが、札幌を除けば北海道の都市は失礼ながら総体的に元気がない。逆に札幌は調査都市としては大きすぎる。都市の調査は、大きすぎても、小さすぎても報告書は書きにくい。調査報告書がどのようなものになるか考えると、あまり乗り気にはなれずにいた。しかし、函館の特に観光について学生たちの強い調査希望があり実施したのであった。調査にあたっては、北海道庁の渡島《おしま》総合振興局商工労働観光課にお話を伺った。当日はお忙しい中、学生たちが希望した資料を提供してくださり、市の現状全般についてデータを交え丁寧に説明してくださった。

函館には友人がいたこともあり、何度となく遊びには出かけていた。駅前の市場を散策し、五稜郭に行き、函館山からの夜景を楽しみ、夕食にはイカをはじめ地ものの海産物をいただいた。しかし、調査のためにゼミ生とともに函館を訪れ、ゆっくりと中心市街地を歩き、市内の観光地を巡ってみると、観光で来た時とは異なる函館の姿が見えてきたような気がした。以前には駅前地域が閑散とし、中心市街地に目立つ空き店舗が気になった。近年には北海道新幹線の新函館北斗駅開業で多少の活気の回復が見られるものの、観光客が増加しているにもかかわらず市内消費が増えないなど、いろいろ気がかりなこともある。そんな函館に出かける機会に恵まれた。改めて感じたことなど書いてみたい。

函館市という都市

函館といえば、一昔前の世代なら青森、函館間を結ぶ青函連絡船の発着する港を連想するであろうし、筆者にとっては六十年以上前の夏休みに、北海道一周の旅で最初に訪れた印象に残る都市である。北海道から東京の中学に来ていた友人の小樽、稚内、釧路の親戚宅と宿を組み合わせて、北は最北端の宗谷岬から東は知床、南は襟裳岬と中学一年生が友人と二人で回った大冒険であった。半日近くかかった夜行列車を青森で降り、函館に向かう連絡船の中で飲んだ「ガラナ」が、当時飲んだことのない新鮮な味だったことを覚えている。今でいえばコーラの味に近かったと記憶していたが、改めて飲んでみると甘い香りの何ともいえない薬のような味の炭酸飲料であった。

函館市の人口は、札幌、旭川に次いで北海道では第三位で、昭和五五年（一九八〇年）には頂点に達し三五万人となった。しかし、以後は急激な人口減少が続き、令和六年の人口は二四万人弱である。函館に比べ地価の安い隣接する北斗市への転居なども原因の一つであろう。函館は北島三郎の「函館の女」でも歌われているように、以前は「はるばる来た」と思えるような遠い地であったが、市街地からそう遠くない空港の整備が進み、遠方各地との空路の利便性が増し、平成二八年には北海道新幹線がとなりの北斗市に入った。陸路の北海道の玄関口函館は、今や東京からの所要時間は約四時間である。

北海道にしては冬の気温は低くなく、雪も少なく生活はしやすい。多くの地方都市では市内での移動は、渋滞などで定時運行がなかなか難しいバスしかないが、函館では湯の川温泉と五稜郭近郊、ＪＲ函館駅を経由して西側函館湾側の函館どつく前、太平洋側の谷地頭に至る十キロほどを路面電車が走り、市民、観光客の移動を便利にしている。大正七年（一九一八年）から函館で運行していた電車を復元したレトロな「箱館ハイカラ號」が、毎年四月から一〇月まで走っており、これもまた「テツオ君」ならずとも旅行者には人気がある。ちなみに、市電の一回の乗車料金は乗車距離に応じて二一〇円から二六〇円であるが、一日乗車券なら六〇〇円で乗り放題なので、三回乗れば元がとれる。さらに面白いのは二十四時間チケットである。お昼に到着した観光客がその日に観光した後、一泊して翌日午前の移動にも利用できて九〇〇円、例えば初日午後に観光目的地や宿泊場所へ二回、翌日午前に宿から観光地へ、そして駅へ二回と、何とも都合良

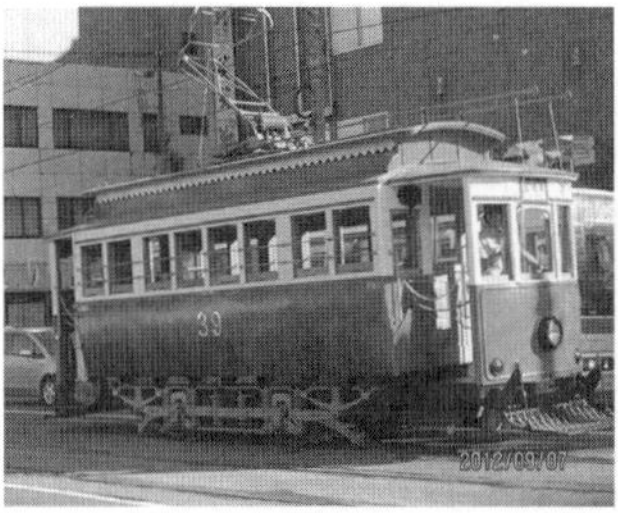

ガラナと箱館ハイカラ號

く使える。寒い北国にあっては定時性の高い移動手段は有り難い存在である。「ICAS nimoca（イカすニモカ）」というJR東日本のSuicaや西日本のICOCAなどと同様の交通系ICカードが発行されていて市民に便利というだけでなく、全国から集まる観光客にとっても全国の交通系カードが相互利用できて都合が良い。

以前にゼミ生とともに訪れた時にはJR函館駅前には空き地が目立っていたが、令和四年七月に行ってみると、駅前はバス、タクシー乗り場などが多くのホテルで囲まれ、整然とした雰囲気に変わり、空き地は駅前から一通り奥に移っていた。丸井今井百貨店のある市内中心部五稜郭地域は少し元気がないように感じていたが、やはり、今回も空き店舗が目立った。市内の小売店舗数は平成六年から減少が続き、それからの二十年間に半分以下の二〇三〇店となった。特に、平成一九年から二六年では約三分の二に減少している。しかし、小売業の売り場面積の減少は少なく、平成一一年に比べ平成二六年は九パーセント余の減であった。すなわち小規模小売店が廃業し、大型店が売り場面積を拡大していると思われるのである。小売販売額も平成九年から減少を続け、平成二六年には約三分の二の二八六六億円余に減少した。特に平成一九年から二六年では約四二〇億円、一二・八パーセントの減少であった。従業者数は平成一四年までほぼ維持されたが、以後減少し平成二六年には三分の二に急減した。特に減少の著しい平成一九年から二六年では四六七二人の減少が記録されている。こうした小売業のデータ全般から近年の函館市の厳しい現状が見えてくる。

函館の観光

函館観光といえば、まず函館山からの素晴らしい夜景があげられよう。北海道では少ない明治維新以前の史跡としては、松前城があげられようが、函館には日本では珍しい幕末の実戦的「城塞」、国の特別史跡の五稜郭がある。散策するだけではその全容はわからないが、その脇のタワーの展望台からは五稜の星形の城の全体を見ることができる。市内には、蝦夷地貿易からロシアとの国交にも尽くした高田屋嘉兵衛の生涯を描いた司馬遼太郎の『菜の花の沖』に登場する正保元年（一六四四年）創建の称名寺や、その近隣には寺の創建とともに函館のまちの建設も始まったといわれる寛永一〇年（一六三三年）創建の高龍寺もある。称名寺は箱館戦争の折には新選組残党の屯所にもなり、その縁から境内には土方歳三などの慰霊碑もある。

しかし、函館の魅力は、維新後の西洋文化を取り入れた建造物群により強く感じられる。港近くの金森赤レンガ倉庫群はレトロな雰囲気を醸し出す。明治時代に北海道内の距離、里程の起点となった基坂《もといざか》を登るとアメリカ・コロニアル様式の重要文化財にも指定されている

タワー展望台から五稜郭の全景を見渡す

旧函館区公会堂があり、そこからは元町地区の港を一望できる。大三坂の美しい石畳を上がるとゴシック様式の大正一三年（一九二四年）建造のカトリック元町教会があり、さらに通りを越え緩やかな石段を上がった先のロシア正教会の函館ハリストス正教会は明治四〇年（一九〇七年）函館大火で焼失後大正五年に再建されたロシア・ビザンチン様式で、これらの建物にはヨーロッパを感じる。その他にも火災で焼失後、大正二年に再建された旧イギリス領事館やルネサンス様式の木造建築旧北海道函館支庁舎などからは西洋文化を積極的に取り入れた明治以降の函館の歴史を感じるが、その中に真宗大谷派東本願寺の函館別院など日本の寺院建築が点在し、共存していて面白い。余談ではあるがこ

アメリカ・コロニアル様式の旧函館区公会堂

ゴシック様式のカトリック元町教会

ロシア・ビザンチン様式のハリストス正教会

の東本願寺別院は明治四〇年の大火で焼失後再建された、当時としてはめずらしいコンクリート造りで、大正一〇年の大火の折にも無傷であった。このような防火建築が造られたのも、函館は風が強く、木造建築が多いことを考えてのことであろう。事実、函館は明治以降大火を十回も経験した都市でもある。

これらの建物の点在する地域から少し下ったところに明治一二年創業のもともとはロシア料理のレストランとして開店した五島軒がある。ランチにちょっと奮発して「明治の洋食とカレーセット」をいただいた。お盆上にはエビフライ、カニクリームコロッケ、ビーフシチュウの皿、コーンポタージ

コンクリート造りの東本願寺函館別院（正門）

五島軒と「明治の洋食とカレーセット」

ユのカップとグレービーボートに入ったカレー、ご飯がのり、ボリューム満点で、どれも美味しかった。特にガラムマサラをちょっとかけたカレーは絶品で大満足の昼食となった。満腹のおなかを抱え下った先の電停十字街脇では坂本龍馬像が迎えてくれた。函館は明治維新の名残に満ちている。函館の歴史遺産はそれだけではない。市の中心部からは少し遠いが、函館には縄文遺跡もあり、そこから出土した国宝中空土偶などが展示された歴史博物館縄文文化交流センターも平成二三年に創設された。

　市電終点の湯の川の先には小高い丘に建つトラピスチヌ修道院がある。明治三一年（一八九八年）シトー会により創建されたが、現在の聖堂は火災により焼失した後、昭和二年（一九二七年）に再建された。天使園とも別称されるこの修道院では現在も七十名近い修道女が修行の日々を送っているという。その庭に立つと、そこには静寂の中に神聖さが漂う。院内資料室に併設された売店では「働きながら祈り、祈りながら働く」修道女が作ったクッキーやマダレナ（マドレーヌ）などが買える。

坂本龍馬像とゼミ生たち

　市内には湯の川温泉があり、海の幸と温泉という日本人が好む観光地の条件を備えている。遠来の観光客にとって、飛行機だけでなく新幹線の新函館北斗駅までの延伸で、首都圏や東北とのアクセスが向上し、あまり天候を気にせずに旅行計画が立てられるのも嬉しいことである。事実、来訪交通機関は航空機の四三パーセントに対し新幹線は三六パーセントにのぼる。観光客数も平成二二年に四六〇万人弱であったのが、令和元年には約五四〇万人に増加している。外国人観光客も平成三〇年まで継続して増加し、五五万人余になった。

このように函館は観光資源に恵まれ、観光客も増加しているが、それ以上に注目したいのは、市の観光に対する丁寧な取り組みである。これほど観光資源が揃っていると、観光客はほうっておいても来るものと「勘違い」して、観光に関するアンケート調査や各種のデータ分析が不十分となっていないかなど心配もしたが、函館市は違っていた。例えば函館市の観光部観光企画課による調査報告書には、北海道新幹線開業後の平成二七年から二九年には関東からの観光客が増え、観光客全体の約四〇パーセントを占め、新幹線と沿線東北地方からの来客を加えると六四パーセントにものぼることや、リピーターも全体の三分の二を占めたというデータが掲載されていた。こうしたデータの収集分析は、どこに重点的な宣伝を発信するかなどに応用され、効果的に観光客のリピーター化を呼び起こすことを可能にしていると思った。

函館の味

観光客が函館で海産物を買いに出かけるのは、ＪＲ函館駅西口脇の函館朝市であろう。どんな観光雑誌にも大きく取り上げられ、しかも市内どこから行くにも便利である。しかし、函館には他にも大きな市場が二つある。はこだて自由市場は市電で函館駅前から二つ目の電停新川町近くに位置し、約六十店が一つの建物内にある。戦後の闇市から始まり、平成七年には火災にあったが、魚介類が豊富で廉価なこの市場には変わることなく板前さんなどプロの料理人も買いに来る。平日の午前中に出かけてみたが、地元市民と思われる客が多く活気を感じた。あまりに美味しそうだったので、ウニにイクラ、しまホッケの干物などを衝動買いして、我が家に送ってしまった。もう一つの市場中島廉売は市電堀川町電停そばで、七十軒ほどの昭和の面影を残す商店街である。その中の魚屋通り名店街には魚、肉、野菜などを扱う店が十七店舗あるという。函館庶民の台所の感はあったが、朝であったせいか、買い物客はまばらで閑散としており、淋しい感じがした。

活気あふれるはこだて自由市場

夕食にはやはり新鮮な魚が食べたいと思い、以前一度だけ行ったことのある、漁師の家庭に育った大将の「木はら」というお寿司屋さんにうかがった。朝とれたという歯ごたえの快いするめイカと身がしっかりした輪切りの肝「わた」には微塵の生臭さもない。旬ではあったが、昨日は取れず、出せなかったと店主は言う。ラッキーであった。お酒は栗山町の「北斗随想」から始めたが、吟醸ながら実に穏やかで新鮮な海の幸にはピッタリの味であった。津軽海峡のまぐろは大間に上がれば「大間まぐろ」であろうが、対岸函館にも上がる。その中トロは絶品であったが、とにかく出されるネタがどれも旨い。毛ガニも北海道の味ではあるが、何となく毛ガニというと釧路や根室、そこまでいかなくても、札幌というイメージがあり、函館の名物とは言えないような気がしていた。少なくとも津軽海峡で捕れたものではなかろうが、やはり北海道の毛ガニは絶品であった。こうなると止まらず、次の酒は「十一州」にいってみた。これまたカニとの相性が抜群であった。蛇足ながら、十一州とは北海道のことで、このお酒は北海道新戸津川産の酒米吟風で作られたものであるという。北海道で日本酒というと、例えば札幌の「千歳鶴」、旭川の「男山」や増毛の「国稀」などが頭に浮かぶ。マイナーなお酒かもしれないが根室の「北の勝」もいい。しかし、函館には昭和三〇年頃までは「五稜正宗」という人気のお酒があったそうだが、地酒がない。最近この「五稜正宗」が復活したが、醸造元は隣県青森県弘前市の醸造会社である。

　ゼミ合宿の折には、夜景を見ようとゼミ生と夕方ロープウエーで函館山に出かけた。丁度夕食時間であったので、皆でジンギスカンを食べることにした。北海道出身のゼミ生がいなかったので、大半の学生は、ジンギスカン初体験で、珍しさもあってか美味しかったという。その時話題となっていたのが、がごめ昆布であった。フコイダン、アルギン酸、ラミナンなどの成分を多く含み身体や美容に良いという。函館近海は遠浅で、日照時間に恵まれ、水温が適温で、自然森の恵みを多くの河川が海にもたらすことから、がごめ昆布が育つには適した環境であるという。しかし、ブームは去ったのであろうか、令和四年には土産物店などではあまり見掛けなかったような気がした。

おわりに

函館の市街は、空き地が増え少し閑散とした感じであったが、年間の直接的な観光消費額は一〇〇〇億円と推察され、さらに関連した消費を加えると一五〇〇億円にも達するというのであるから、他の地方都市から見ればうらやましい状況であろう。

しかし、これからの課題もあるように思われる。函館市を訪れる観光客は増加しているのに、市内の小売消費はかなりの速度で減少が進んでいる。一人当たりの観光消費額が減少しており、観光客の増加にもかかわらず、市経済の停滞をもたらしているともいえよう。今後新幹線の札幌延伸の際には函館は「途中駅」となり、通過者が多くなってしまう心配もある。特に、新幹線駅が市内になく、多少なりとも離れている場合、その影響は大きいような気もする。だが、観光関連のより詳細なデータを集め、緻密な分析のもとでの観光戦略を立案すれば、そのリスクは回避され、さらなる観光客誘致、リピーターの発掘も可能になろう。観光消費を考える時、土産物も重要な比重を占めるように思う。海産物は十分にその役割を果たしてはいるが、北海道全体に共通するものではなくやはり函館ならではの手ごろに買って帰れる土産物がほしい。トラピスチヌのお菓子がそれにあたるようにも思うが、駅の物産館では控えめの存在であるように思った。

函館は、雪は少ないとはいえ、寒風吹きすさぶ冬の外出は厳しい。いくら大都市に比べて物価が安く、食べ物、特に魚介類が美味しいといっても、温暖な地のように熟年層の移住促進は難しい。高齢になると坂が多いのも住みにくい。しかし、五月の桜の季節から一〇月の紅葉までの期間限定の中長期滞在なら、多くの熟年層が関心をもつのではなかろうか。その場合、キッチン付きのホテルなら、外食だけでなく時には部屋で好みの料理を作ることも可能だし、自由市場などで新鮮な魚介類を仕入れてくればリーズナブルに豪華な食事も楽しめる。ホテル側としても通常時、特に冬季には他のホテルと同様のサーヴィスを供するならば、稼働に問題はないように思う。簡易なキッチンといえども新たに増設するとなると、大きな投資が必要となるが、今後こうした発想でホテルが作られると、また新たな顧客の開拓もできるように思うし、市内消費の拡大にはつながるように思うが、いかがであろうか。

観光ではポテンシャルの高い函館市ではあるが、環境の変化に対応して、今まで以上にその時々の現状をしっかり分析し、意見を交換し知恵を出し合って、多方面から柔軟な経済活性化を実現してほしいと思う。市がさらなる進化を遂げ、発展することを期待したい。

第二章 八戸市

はじめに

青森県というと津軽地方がイメージされがちであるように思うが、八戸は津軽より南部に近い。新聞は青森本社の東奥日報よりも青森県東部と岩手県北部に主な購読者をもつデーリー東北であったり、岩手県の岩手日報であったりする。ましてや弘前本社の陸奥新報ではない。テレビも青森県内の放送局だけでなく岩手の放送局の番組も見られているという。

十数年前に八戸近郊の下田町について調べてみたいと思い、八戸を中心に青森県で手広く事業を展開している知人に相談したところ、当時の町長を御紹介下さった。さらに、同氏には平成二五年に研究所の調査でもお世話になり、翌年には商工会議所主催の講演会で話をさせていただく機会をいただいた。そうした折々に思ったこと、感じたことなどを書いてみたい。

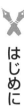

八戸市という都市

八戸市は、南部直房築城以来の八戸藩の城下町であり、石垣のみ残る城は現在三八城公園となっている。八戸周辺は青森県とはいえ、南部氏の勢力下にあり、津軽とは異なる歴史風土をもっているのである。もともと南部と津軽の弘前藩とは仲が悪く、江戸時代の参勤交代の際には津軽家は南部の領地を避けて江戸との間を往復したともいわれている。

八戸市役所前には八戸城下の名残をとどめる唯一の建造物、切妻作りの屋根の棟門、八戸城角御殿表門が残されている。全国的にも珍しいこの大規模な棟門は、寛政九年（一七九七年）の創建といわれ、県重宝に指定されている。残念なことに昭和五三年（一九七八年）に積雪により倒壊したが、その際にこの棟門からは建設時に納められた棟札と毘沙門天像が発見されている。

歴史遺産は江戸時代というような「新しい」ものだけではない。本八戸から南に二キロメートル程の八戸櫛引八幡宮には鎌倉時代の国宝赤糸威鎧や、彫刻が見事な重要文化財指定の本殿などがある。さらに市街地からは少し離れてはいるが、石器時代から人が住んでいたといわれ、約三五〇〇年前の縄文時代後期と推定される集落の遺跡があり、多くの出土品が国の重要文化財に指定されているのである。出土品の中でも竪穴式住居跡から出土した国内唯一の「座って合掌する土偶」は、平成二一年には国宝に指定され、現在市郊外の是川縄文館に所蔵されている。

蛇足ながら、以前関西の大学で学会があり大阪難波から近鉄奈良線で出かけた折、その最寄駅の一つが近鉄線の八戸ノ里であった。北海道の北広島は広島からの入植者が築いたまちだし、東北の盛岡では、今なお市の財界の中枢は近江商人の末裔が担っており、どの県への移動を好むかという移動選考指数では関西で唯一滋賀県が高い数字を示すという話を聞いていたので、これは八戸市のルーツに違いないなどと勝手な想像をしながらまちを歩き、近隣の司馬遼太郎記念館を訪ねた。しかし、後日調べてみると、この地を開拓した豊臣家旧臣の家の数が八戸だったことからこの名がついたようで、八戸とは全く関係がないことがわかった。ちなみに八戸ノ里は「やえのさと」と読む。

八戸城角御殿表門

八戸櫛引八幡宮

国宝、座って合掌する土偶

八戸の現在

八戸は青森県南、岩手県北の商業、経済の中心都市であり、水産加工会社の他、三菱製紙、大平洋金属等を有する北東北で最大の工業都市でもある。工業製品の出荷額は五〇〇〇億円にものぼる。定められた漁期に三陸沖より北の海でとられ八戸港に水揚げされた、脂ののった銀サバ＝八戸前沖サバで有名な漁業都市でもあり、約三〇〇〇トンの魚を受け入れられる冷凍、冷蔵施設がある漁業基地でもある。ちなみに最も脂ののったサバの味わえる一一月には「サバまつり」も開かれる。

新幹線が盛岡から八戸まで延伸した平成一四年には仙台とは一時間二〇分程で、東京とは三時間弱で結ばれた。その際には、十和田、八甲田観光の一起点ともなった。南に久慈を経由して三陸海岸を下る拠点でもある。平成一四年に全線が開通した高速道路の八戸自動車道は仙台や首都圏など大消費地との時間距離を大幅に短縮し物流を円滑にした。八戸港からは苫小牧へのフェリーが一日四便出ており、七～八時間と時間はかかるが夜行便を使えば翌朝早くから目的地での仕事や観光が目一杯でき、意外と便利であるように思う。

人口は平成一七年には南郷村の合併もあって二五万人に達したが、その後は人口減少が続き、約二二万人を割った。現在青森市に次ぐ青森県第二の都市である。平成二三年のデータによれば、商圏は二二市町村に及び商圏人口は六三万人、八戸市が吸収する人口は三五万人を数えるという。やませと呼ばれる冬の風は強く冷たいが、雪は少ない。海岸には工場地帯もあるが、少し南に下ればウミネコで有名な蕪島や種差海岸等の観光地、海水浴場もある。種差海岸の葦毛崎展望台からの太平洋の眺望は見事だし、踏みしめると砂がきゅっきゅと鳴く「鳴砂」が二キロメートル以上続く大須賀海岸は初夏には様々な花で彩られる。四月から一一月までの観光シーズンにはＪＲ八戸線鮫駅から一〇〇円で移動できるワンコインバスうみねこ号が便利である。

八戸中心商店街には、各種専門店、飲食店等が数多く立地している他、八戸ポータルミュージアム「はっち」や八戸まちなか広場「マチニワ」等の公共施設やバスターミナルもあり、多様な機能が集

八戸前沖サバの水揚げ

種差海岸

積されている。八戸の中心市街地の三日町通り、六日町通りに面して屋台村みろく横丁が全国的にも早く平成一四年に作られ、ビジネス客、観光客を問わず、市の来訪者の多くが訪れ、飲食を楽しんでいるのは事実である。もともと市内には漁師をもてなす飲食店が多数存在していたが、その延長線上に昭和二〇年代から美酒と人情とはしご酒という横丁の「文化」が、たぬき小路、ロー丁れんさ街、長横町れんさ街、ハーモニカ横町等昭和レトロな飲み屋街で育まれてきた。商店街では共通商品券事業や、チャレンジショップ、さらに当初三〇〇円で自宅配送するまごころ宅配サーヴィス等中心市街地の活性化に向けての活動が活発に行われてはいたが、市街地の商店街を歩いてみると、空き店舗も散見され、少し元気がないように感じた。

ちなみに、八戸の中心街には、三日町、六日町や八日町といった町名が多い。周辺の農村・漁村からの野菜や魚介が商われた市の名残である。それらは三月から一二月まで日曜日に開催されている館鼻岸壁朝市等、市内各所で現在も開かれている朝市の原点であろう。日々の市民生活と密着した食料

中心市街地にある屋台村、みろく横丁

八戸中心街

品等が、日ごとに各所で商われていたのである。

青森でまつりというとねぶたが思い起こされるであろう。しかし、それだけではない。東北の夏祭りが集中する七月末から八月初めにかけて、八戸ではユネスコの無形文化遺産に登録されている山車絵巻とも言うべき三社大祭がある。毎年制作される民話、神話や歌舞伎をテーマとした山車が、雅やかなお囃子とともに運行される。その中日には紅白に分かれて馬上で杖を操り、地上の毬を拾い上げゴールを競う、いわば日本版ポロも行われる。この騎馬打毬は青森県の無形民俗文化財に指定されている。冬の祭りとしては、舞手が馬の頭をかたどった華やかな烏帽子を被り、頭を大きく振る舞で豊

「八戸三社大祭」絢爛豪華な山車絵巻

騎馬打毬

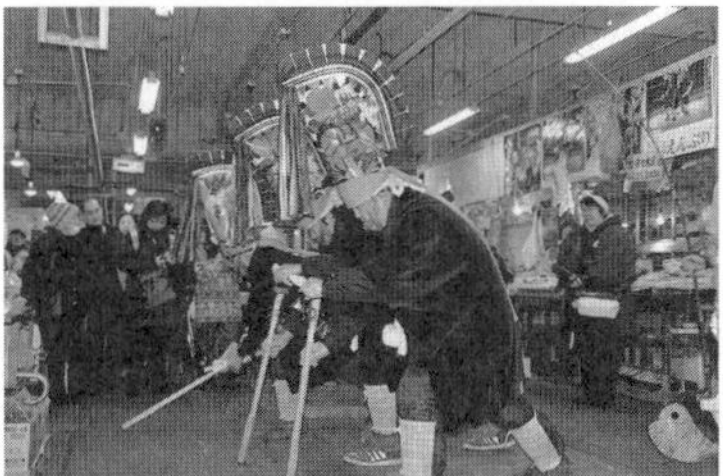

えんぶり

作を祈願するえんぶりも有名である。それに加え、七月中旬には「八戸七夕まつり」が、五月から一〇月までの最終日曜日には「はちのへホコテン」等も中心商店街で開催されている。

八戸市周辺事情

八戸近郊にはかつて昭和四六年に高視聴率を記録した三浦哲郎原作のNHKの朝ドラ「繭子ひとり」の繭子の故郷として有名となった三戸町がある。いやそれどころか一戸から九戸までが青森東部から岩手北部にかけて存在するのである。がしかし、四戸だけがなぜかない。もしかしたら四の音シが死をイメージするからかもしれない。京都の四条では人が死に絶えたなどということはないが、たしかに四の数字は避けられたり、札幌のように四条をヨンジョウと読んだりするのも事実である。

八戸の北側で隣接する旧下田町（現在は百石町と合併しておいらせ町）に平成七年に店舗面積約四万平米のイオン下田ショッピングセンターができた。平成三年の下田町は町全体の小売商店数が八十六、従業者総数二六九人の商店街すらない小さな町であったが、イオンができて小売従業者数は八二七人と三倍以上に増加した。イオンの売り上げは町の商店の総売上額の三・四倍、一六〇億円にも達したという。それ以来、安価な住宅地としても認知されるようになり、過疎とは反対の人口増、それも若年層の人口増をもたらした。冬の雪はさほど多くはないものの、強風と寒さの中、家から商店街へ、また店舗から店舗へと買い物して歩くのは大変であったが、全国展開の有名店や近郊の多種の優良店が出店しているショッピングセンターでは、大駐車場に車を入れたら、ゆっくりと寒さを気にせず、小さな子供連れでも安心して買い物ができ、食事をして、大きな荷物も苦にせず帰宅することができる。多くのスーパーが遠方から大量の商品を仕入れ、価格で競っていたその頃、すでにイオンの食料品売り場では地元産のにんにく等も売られており、地産地消にも貢献していたのを覚えている。ロードサイド店等も徐々にでき、新たな住宅地も生まれ、イオンが新たな雇用を生み出しただけでなく、地元の地権者や農業を営む生産者にとっては新たな希望へとつながるものであったであろう。二〇年近く前に当時の袴田健義町長にお話を伺った際には、「町に商店街をつくりたい」がイオン誘致の発想の原点であり、「心ふれあう希望のまち—ハートピアしもだ」の実現を目指して決断したとおっしゃっていたように記憶しているが、総体的に町長が考えていた以上の町の発展がもたらされたように思う。

しかし、八戸市へのマイナス経済効果は大きかった。イオンにシネマコンプレックスができたことにより八戸から映画館が消えたのである。商店街の小売業も売り上げを大きく減少させた。中心市街地三日町には、仙台を本拠地とした丸光百貨店八戸店が昭和四三年に創設されていたが、様々な経緯があって平成一七年にはさくら野百貨店八戸店に引き継がれた。こうした百貨店の変化はイオンを直接的原因としたものではなかろうが、イオンの進出と無関係ではなかろう。今でも道路建設や改善により周辺との移動を良好にすることが都市部への周辺からの来訪者を増加させ、都市の発展をもたらすという考えは強くあるが、有料道路の建設と下田インターチェンジの設置は、むしろ都市八戸から外部下田町への市民の流出を促進することにもなったようである。

八戸の味

八戸といえば、アワビなど豪華な魚貝類を一緒に煮た「いちご煮」が名物だが、海産物はとにかく旨い。半世紀も前、まだ八戸、上野間が特急はつかりで八時間近くもかかった頃、大量の生きたホタテ貝をぬれた新聞紙にくるみ持ち帰り、知人に配ったことがある。当時東京ではまだ生のホタテ貝が珍しく、大きな貝殻はグラタン用の皿として販売されていた頃でもあったので、珍しがられ、喜ばれたのを記憶している。ちなみに当時、現在の八戸駅は尻内駅と呼ばれ、そこから市場のある陸奥港まで支線の八戸線に乗った。当時の八戸駅、今の本八戸駅を過ぎて二駅目であった。生のホタテ貝だけでなく高級食材の生ウニが素朴に、安価に牛乳ビンに詰めて売られていた。ウニのビン詰といえば大抵の場合、アルコールの匂いが強く、そうでない場合には極端に塩からいのが相場だが、薄塩で処理されたその味はまさに生ウニの旨さを引き出したものであった。貝殻に盛ったウニを焼いた焼きウニも当時の東京にはない味で、それらの味に大感激し、それらを売る北の市場のおばちゃんたちに素朴な親近感をもった。今では市場は活気を失い、多少割高にはなったとはいえ八戸駅近くの八食センターで同様のものが容易に手に入るようになったし、食べられるようにはなった。ちなみに、センター内で多種の新鮮な海の幸をご飯にのせていただく「のっけ丼」はさすがに旨い。しかし、雰囲気が違うと味も多少違って感じられるというのは不思議なものである。他の名物には、鍋汁用の南部せんべいを割って野菜等とともに煮込んだせんべい汁もある。出汁を吸った南部せんべいのもちもち感が何ともいえない美味しさを醸し出す。やはり八戸は青森県とはいえ南部なのだと感じる。

近海物の新鮮な魚貝類にはやはり日本酒であろう。八戸市内やその近郊には「男山」等名だたる酒蔵があるが、個人的には八戸酒造の「陸奥八仙」が好みである。十数年前に歴史を感ずる酒蔵までお邪魔したが、ちょっと不愛想で、商売っ気があまり感じられない店員さんの素朴な雰囲気が気にいった。当時まだ首都圏ではあまり知られておらず、酒屋やスーパーの酒売り場で目にすることは少なかったので、何種類かの「陸奥八仙」を宅配便で送った。たいていの場合は、この記録が以後の案内状等の発送に利用され、季節毎や贈答期に商品カタログ等が届くものである。しかし、その後一切の連絡はなく、そのうちに陸奥八仙が有名になり、最近では、住まい近くのスーパーでも手に入るようになったし、居酒屋でも飲めるようになった。味が良く、中身が評価されれば、放っておいても販路は拡大し、認知されるということであろうか。

東日本大震災の後

八戸も平成二三年の東日本大震災被害地の一つである。津波が押し寄せ、漁船が岸壁に乗り上げ、家屋も流された。津波被害は鮫や白銀地域で大きく、前述の館鼻岸壁には漁船が打ち上げられていた。馬淵川を一〇キロメートルも上流に遡上した津波は、河川水位を三メートルも上昇させたという。八戸市の被害は海岸線を中心に東北の他の地域に比較して限定的であったとはいえ、被害額は五七〇億円にもおよぶともいわれる。震災後、企業研究所の調査で伺った折には、実際に災害の爪跡を見学してその被害の大きさに驚かされた。これだけ大きな災害に遭いながら、意外なほどに悲壮感が感じられないのが不思議であった。同時にそこからの早い復興に目を見張るものがあった。前向きな市民の復興への思いが、市の復活への大きな力になったことは間違いない。工業、漁業の早い復興、展開は、当然のことながら、八戸市の商業等経済全般に影響を与える。

そうした中での課題は人口減少であろうか。人口減少は消費のうち日常生活に必要な最寄品の市内での購買を確実に減少させる。漁業、工業等の産業が立地し、市内には昭和四七年（一九七二年）に北東北で唯一の私立理工系大学の八戸工業大学が創設され、昭和五六年には商学部の単科大学八戸大学が建学された。八戸大学はその後八戸学院と名称を変更し、三学部、短期大学を有する総合大学になった。このように、若者の近隣からの転入を促進し、転出を抑える施策がとられてきたが、やはり近年では人口減少が続いている。

余談ながら、八戸学院というと、平成二三年の夏の甲子園では準優勝に輝き、翌年のセンバツでも準優勝する等近年高校野球で名前をよく聞く。青森では昭和四四年に三沢高校が夏の甲子園決勝で松山商業と延長十八回をゼロ対ゼロで戦い抜き、再試合で惜敗したこともあったが、私の若い頃は北のチームはほとんどが一回戦敗退であった。東北、北海道は冬は雪に閉ざされ、野球の実戦練習ができず、厳しい暑さにも対応できなかったからであると聞いていた。しかし、雨天練習場等施設が充実し、雪のハンデが無くなり、十分な実戦練習が可能となったことを一因として甲子園でも勝てるようになったのであろう。だが、考えてみると、冬蓄えられた雪が春に解け、田を潤し、生活に必要な水を供給してくれる。逆に関東以西では雨量が少ないから野球チームは豊富な練習量を確保できるが、水はどう確保するのか。関東では周辺の山々に雪が降り、水を供給してくれるが、それより西の雨の少ない地域に人口が密集したら水不足となるのは必然のことであろう。都市の発展を考える上では、こうしたことにも配慮が必要であるように思う。

おわりに

八戸市はもともと三沢空港を経由すれば首都圏から遠い都市ではなかったが、東北新幹線が八戸まで延伸したことにより、仙台、首都圏との時間距離が短縮され、奥入瀬渓流、八甲田山、十和田湖方面への観光起点として新たな発展の可能性を大きくした。しかし、青森県内にありながら、独立した経済圏を有する八戸市であったが、衣料品等の一部の買回り品の購入は隣接する下田町の大ショッピングセンターに移り、さらに高級ブランド品等の購買は遠方の大都市での購入機会が高まったようにも思われる。その新幹線がさらに北へ、新青森へ、海峡を越えて新函館北斗へと延長されると、いわゆる途中駅となってしまうのではないか、という心配があった。しかし、それ以上に、盛岡市とはもちろん、東北の中心仙台市や首都圏との時間距離の短縮は市にとっての悲願でもあり、人と物の往来の増加というプラスの効果も大きかったように思われる。

八戸市は、東北有数の工業都市であり、漁業都市でもある等多彩な顔をもつが、観光都市としても首都圏をはじめ全国から多くの観光客を集められる条件はそろっているように思う。三陸海岸へと続

種差海岸の葦毛崎展望台

く海岸には豊かな自然があるだけでなく、文化的な資源にも恵まれている。観光資源というと明治時代や江戸時代という身近な歴史遺産に目を奪われがちであるが、八戸の国宝にはロマンがある。ただ、国宝のある八戸櫛引八幡宮も是川縄文館も外来者が訪れようとすると市の中心部からは少し距離がある。国宝を巡り、市内中心部や八食センターで食事できるような周遊バス等を考えてみるのも面白い。いずれにしても、もう少し自信をもって積極的な外部発信をしてもよいように思われる。

八戸市は、経済的に豊かで、近代的なまちへの変貌も北東北では有数な都市と言えようが、陸奥港の市場のような素朴な雰囲気、味がそれによって失われていくとすれば残念なことである。新鮮で豊富な地の食材によるこの地でなければ味わえない料理での素朴なおもてなしこそが八戸市の魅力を倍増するように思うが、いかがであろうか。人口減少が続く中、八戸ならではのもてなしで、遠来の客の消費の拡大によって市の経済のより一層の活性化をはかってほしいと思う。

第三章　盛岡市

はじめに

約二〇年前、一年間の在宅研究期間サバティカルを終えた後、専門ゼミのテーマを商業史に都市史を加え、西洋都市だけでなく日本都市研究へと広げた。ゼミ自体も文献購読だけでなく、ゼミ生が希望する地方都市で合宿をし、実際に街を歩いてその状況を観察するとともに過去からのデータを収集し、現状を分析して都市の活性化についての提言を報告書にまとめるようにした。その最初の段階でお世話になったのが、盛岡市であった。

盛岡と上野は、新幹線開通前には在来線の特急やまびこで六時間余かかっていたが、東北新幹線ができて今や最速では二時間一〇分程となり時間距離は随分と短くなった。首都圏や東北の中心仙台とのアクセスの良さ、便利さが繁栄につながるかのようにも考えられてきたが、盛岡は今どのような状況にあるのか。盛岡市内在住であった家内の伯父、伯母の市内寺町の願教寺での年回法要以来一〇年以上訪れる機会に恵まれなかったが、定年退職して時間もできたし、盛岡在住の友人の誘いもあり、久しぶりに令和四年八月下旬に家内と思い切って出かけてみた。

盛岡市という都市

盛岡市の人口は平成一八年の二九万五〇〇〇人弱を頂点に令和四年時点で二八万六〇〇〇人余とわずかに減少傾向にある。二市六町村約四七万人の広域生活圏の中心市ではあるが、少し古いデータでは中心市街地十四地点の歩行者通行量は平成一五年には日曜、平日ともに約八万三〇〇〇人であったが、一九年には日曜が約五万五〇〇〇人に、平日が五万二〇〇〇人に減少している。さらに中心市街地八地点の調査では日曜日が平成二五年の約四万五〇〇〇人から三〇年には約四万人に、平日は約五万二〇〇〇人から約四万六〇〇〇人に減少を続けている。近年では中心商店街は、ただ来街者が減少しただけでなく、平日の歩行者数が日曜日を上回り、周辺地域から集客する力を有する「広域型商店街」から、平日の歩行者数が多い、主に日常使用する最寄り品を購入する場「地域型商店街」へと性格を移行しつつあるように見える。

そうした状況下で市の小売業では、店舗数は平成六年からほぼ一貫して減少し、三六一三店から平成二六年には二一八一店になった。従業者数も平成二一年を頂点に二万二五三六人から二六年には二万一一五人まで減少した。商品販売額は平成一一年に約四二三六億円と頂点に達し、平成一九年には大きく減少したが、二六年には四〇一七億円にまで回復した。こうした中で、売り場面積だけは平成九年から二六年まで増加を続けている。このような小売業の動向にはイオンの影響が少なからずあるように思われる。県内最大の九万七〇〇〇平米の売り場面積を有するイオンモール盛岡は、盛岡駅の西、雫石川の上流にイオンショッピングセンターとして開店後、平成一五年に改名新装開店し、一年間で八八〇万人が来店し、二二〇億円の商品が販売されたという。盛岡市内の店舗であるから、市内小売販売額の減少と結び付くわけではないが、一店舗で市内全体の販売額の五パーセント以上を占める店が、市内の商業事情に与えた影響は大きい。市内の小売販売額が大きく変わらないとすれば、イオンの売り上げ分だけ市内店の販売額が減ったとも考えられるからである。その後市内の南側にはもう一店イオンモールができ、中心市街地では百貨店が撤退した肴《さかな》町のアーケード街などで明らかに人通りが減少した。

イオンモール盛岡

肴町のアーケード街

　国勢調査データの一つで、好んで移動する

地を示す移動選考指数というのがある。かなり前に移動選考指数を見ていて、東北地方では総じて関西の数値は低いが、岩手県では滋賀県が高い数値を示すことに気が付いた。市内中心部には京都からの豪商の移住に由来すると思われる京町もあるが、その京都よりも移動先として滋賀県が多く選ばれているというのが不思議であった。江戸時代には盛岡では主な物流は石巻に至る北上川の舟運に支えられていたが、その中心は近江商人であったという。明治になり鉄道の開通とともに主流は鉄路に移ったが、今でも盛岡市の経済の中枢を担うのは近江商人の末裔が多く、滋賀県人会の人脈が市経済の中枢に関係しているという話を聞いたことがあったが、その影響であろうか。

盛岡市の観光

城下町盛岡市は一見観光資源に恵まれているようにも思えるが、市内に観光スポットはそう多くはないし、それらを観光目的として訪れるには物足りない気もしていた。しかし、観光客数は平成二九年に約四二〇万人から翌年四三〇万人と安定しており、市内宿泊者数も平成二二年の約五〇万人から二六年に七〇万人に増加した後、二九年には六三万人と増減はあるが高い数字を示している。令和五年年頭のニューヨークタイムズ紙の「二〇二三年に行くべき五二か所」にも選ばれ、さらに観光客は四三〇万人余に激増した。

市内観光といえば、まずは南部氏の居城のあった盛岡城跡公園であろうか。春の桜、秋の紅葉が美しい城は花崗岩の石垣が修復、復元され、さらに城の復元も検討されているという。ただ、城内にあった天守閣等の具体的な姿を示す図面など資料、写真は少なく、市は一〇〇〇万円の懸賞金をかけて市民等にそれらの提供を呼び掛けている。

市内中心部北上川の支流中津川近くに明治四四年（一九一一年）に建てられたルネサンス風の岩手銀行の赤レンガ館は、落ち着いたまちの雰囲気にとけ込んだ優美な姿を見せている。大正一二年（一九二三年）に国の天然記念物に最初に指定された盛岡地方裁判所中庭の巨大な花崗岩を割って伸びる石割桜も見事である。石割り桜は毎年四月中旬頃に開花シーズンを迎え、夜桜も幻想的である。明治四三年に建設された国の重要文化財旧第九十銀行は郷土の偉人石川啄木、宮沢賢治をテーマにしたもりおか啄木・賢治青春館となっている。

岩手銀行の赤レンガ館

石割桜

駅からは三キロメートルほど離れてはいるが、中津川沿いに進んでバイパスを越えると、旧南部家別邸と明治期に整備され国登録記念物に指定されている池泉廻遊式の「旧南部氏別邸庭園」がある。隣接した国の重要文化財の商家旧中村家住宅とともに一見の価値はある。それぞれ歴史的観光施設として魅力的である。

市内の寺町、北山寺院群には、宮沢賢治が島地大等《だいとう》住職の講話を受けた前述の願教寺や参禅した二層の山門が見事な報恩寺、親鸞聖人の二十四人の「直弟子」開山の本誓寺など、落ち着いたまちの佇まいがある。

もりおか啄木・賢治青春館

北山寺院群

こうした市内の観光スポットを巡るには、朝九時から夕方五時頃まで右回り左回りそれぞれ二〇分間隔で運行される循環バス「でんでんむし」が便利である。しかも、一乗車なら一三〇円、一日フリー乗車券でも三五〇円とリーズナブルである。天気さえ良ければレンタサイクルで周るのも楽しいかもしれない。

郊外を南に足を延ばせば、あまり観光スポットとしては知られていないが、平安時代に坂上田村麻呂の造営といわれる古代の城柵、志波《しわ》城の堀や復元された外郭南門などがある。この南には室町時代の斯波家の居城高水寺《こうすいじ》城跡もあり、同姓の私にとっては親近感を感じる地である。さらに南下すれば、花巻温泉もあるし、その先には平泉の中尊寺、毛越寺も魅力的である。北西に行けば、小岩井農場や八幡平、県境は越えるが後生掛《ごしょうがけ》温泉や玉川温泉など多くの秘湯、西には田沢湖もある。東には日本三大鍾乳洞の一つに数えられる龍泉洞やリアス式海岸の美しい三陸海岸など、盛岡市から車でしばらく走れば海、山の自然豊かな多彩な観光地がある。

　蛇足ながら、令和四年夏に盛岡で一泊した後、友人の好意に甘え、車で八幡平から後生掛温泉へ一泊の小旅行をした。初日は残念ながら雨だったので、途中松尾八幡平ビジターセンターに立ち寄り、秘湯中の秘湯ともいうべき大深温泉のオンドルでゴロリと休憩、途中の松っちゃん市場で買ったおにぎりとクルミやゴマの入った蒸しパンのような、みそ「雁月《がんづき》」を食べた後、早めに宿に入った。宿はとても秘湯とは思えないような近代的な施設のホテルと湯治館が併設されているが、共用の大風呂は歴史を感じさせる、肌がつやつやになる実にいい湯であった。雨の間隙を縫ってすぐ近くの自然研究路を紺屋地獄から大湯沼まで歩いて、豪快な火山現象を垣間見ることができた。翌日は天候が回復したので、

紺屋地獄

八幡平山頂から秋の気配を感じさせる緑の湿原をのんびり散策したが、アスピーテラインから東北自動車道経由で盛岡市内まで一時間半程と、県庁所在都市と自然豊かな秘湯の近さに驚かされた。

祭りとしては六月中旬の農耕に欠かせない大型馬、「南部駒」への感謝の祭り「チャグチャグ馬コ」が有名である。昭和五三年（一九七八年）に選択無形民族文化財にも指定され、平成八年には、当時の環境庁から「残したい日本の音風景百選」にも選ばれた。華やかに飾られた「南部駒」が、滝沢市の鬼越蒼前《おにこしそうぜん》神社から延宝八年（一六八〇年）に藩主南部重信によって創建された盛岡八幡宮まで一五キロメートルを四時間かけて鈴の音を響かせながら歩く。八月始めのさんさ踊りは東北五大祭りの一つで、笛を吹き、身に着けた太鼓を打ちながら、踊り練り歩く祭りは壮大である。伝統的な祭りではないが、春から秋の土曜日夕方に路上いっぱいに新鮮野菜や果物の店など多くの露店が並ぶ材木町よ市も多くの客を集め、五〇年近く続く。

盛岡で旅の土産をと考える時、まず頭に浮かぶのは、南部せんべいである。小麦粉のせんべいにゴマやクルミ、落花生が入った素朴な味がいい。小岩井バターをつけるとまた格別である。土産物屋に

盛岡八幡宮

は「かもめの玉子」なども並ぶが、岩手のものとはいえ大船渡のものであり、「これが盛岡土産！」というお菓子は南部せんべい以外には思い当たらない。土産にするには高価でしかも重いが、南部鉄器も名産品の一つである。現在では多様なデザインがあるようだが、昔は表面の小さなイボイボ、「アラレ紋様」を特徴としたのが南部鉄瓶であった。さびにくく長持ちし、熱が均一に伝わり保温に優れているだけでなく、お湯を沸かすと溶出する鉄分が健康に良く、水道水などの塩素臭を取り除くという特性もあるという優れものである。

盛岡市の味

市内の観光名所は多いとはいえないが、旨いものは豊富である。近隣奥州市の黒毛和牛前沢牛や三陸からの魚介類はもちろん、麺も旨い。昔は盛岡名物といえばお椀の少量のそばを多種の薬味とともにいただき、何ばい食べたかを競う「わんこそば」と思っていたが、今では冷麺、じゃじゃ麺も加わって、盛岡三大麺が有名だそうだ。冷麺は朝鮮半島の伝統料理をアレンジしたものといわれ、盛楼閣やぴょんぴょん舎でいただく冷麺は、牛骨をベースとしたスープにキムチのさわやかな酸味がからんだ独特の味につるりとしたのど越しの麺が旨い。スイカとの味のバランスも面白い。じゃじゃ麺は白龍《ぱいろん》の初代が、戦後満州の味をアレンジして考案したものといわれ、平打ちのうどんに、ひき肉、ゴマ、シイタケなどの秘伝の肉みそときゅうりをのせ、ラー油、ニンニク、酢などを加えて混ぜていただく。ほんの少し具や麺が残ったところで最後に生卵をとき、じゃじゃ麺のゆで汁を加え、かきまぜれば「ちいたんたん」の出来上がり、なんとも旨い。

ちなみに、白龍本店のある櫻山神社参道商店街は居酒屋などが立ち並ぶ昭和の香りたつレトロな商店街である。金沢での学生時代によく二次会で立ち寄った金沢の尾山神社前の飲み屋街を思い出した。盛岡が首都圏と新幹線で結ばれ、時間距離が縮まったおかげで、一泊二日、場合によっては日帰りで簡単に出かけられるようになって、市内で昼食をとる回数が減り、どの麺をどの店でいただくかの選択が難しくなった。こうした外来者の昼食回数の減少も市内消費低迷の一因になっているのではなか

盛楼閣冷麺

わんこそば東家

櫻山神社参道商店街（右手前が白龍本店）

ろうか。

　三陸には旨い地魚、ウニ、ホヤなどの他に、龍泉洞近くの岩泉の松茸がある。余談ではあるが、例年秋の松茸のシーズンになると、現地に松茸山をもつ採取の名人に「取れ具合」を尋ね、たいていの年には送ってもらっている。もちろん高価ではあるが、デパートなどで見る価格からは想像できないほど安い。ただ、松茸の収穫は天候気候に左右され雨が少なくても多すぎても難しい微妙なもので、令和四年秋には「今年は早い時期に少し取れたが、以後はダメ」と聞き、松茸は食べられないとあきらめていた。ところが、一〇月下旬に朗報が舞い込み、即答で購入した。例年に比べかさの開いたものが多かったが、香りも味も申し分なかった。となれば、やはり南部の旨い日本酒が欲しい。

　東北で日本酒の産地では、まず秋田県、福島県の会津や中通り地方、最近では山形県の名があがることが多いように思う。しかし、それらの地方で活躍する杜氏には日本最大の杜氏集団といわれる南部杜氏が多い。その故郷南部、すなわち岩手の育んだ地酒に旨い酒が少ないわけがない。盛岡市で真っ先に頭に浮かぶのは明治四年（一八七七年）創業の「あさ開」である。白壁に黒瓦が立派な仕込み蔵「昭和旭蔵」では日本酒の仕込み工程がわかる見学コースも用意されており、見学後には地酒物産館で利き酒体験もできる。八月に出掛けた折には、岩手の酒造好適米「結の香」で仕込まれねかした純米大吟醸生原酒「熟麗」と金賞受賞の純米大吟醸原酒「結の香仕込み」の旨さに魅了され、即決でその二本の四合瓶を自宅に送った。「熟麗」を帰宅後改めて飲んでみると、ガツンときた後、芳醇にして穏やかな味が口に広がった。前置きが長くなったが、松茸が届いた時に、何かの折に飲みたいととっておいた「結の香仕込み」を開けた。純米大吟醸のもつ香り豊かで雑味のないまろやかな酒と松茸とのハーモニーがこの上もない幸せな秋の夕べを作り上げてくれた。

盛岡の酒としては菊の司酒造の中津川の伏流水で仕込まれた精米歩合四五パーセントの「平井六右衛門　稲波」のまろやかでありながらしっかりした飲み心地も好きである。市内にはもともと三陸大槌町で明治二九年に創業された赤武《あかぶ》酒造もある。東日本大震災で壊滅的被害を受けたが、盛岡に移転した酒蔵で醸造される日本酒は「復興の酒」と呼ばれており、最近では東京でも手に入りやすくなった。盛岡から帰った後、中央大学の教員ＯＢや現役の先生方と調布の楠カンフォーラという新鮮な魚介と旨い日本酒で評判の和食のお店でいただいた。純米吟醸の「赤武」の柔らかな澄んだ味は焼いた蝦夷アワビによく合った。

「あさ開」の「熟麗」と「結の香仕込み」

おわりに

　夏は暑く、冬は雪が降り風が強く寒い盛岡市だが、そうした環境が、他にない郷土の産物を育み、盛岡ならではの味を生む。気候は厳しいが、その分四季の変化が感じられるまちである。首都圏とは、新幹線、高速道路東北自動車道で結ばれており、電車でも車でも時間距離は短い。今では気軽に出かけられる場所となった。それゆえ逆にはるばる遠方まで訪れたという「達成感」が少なくなったように感じられる。新幹線が北に延伸して、北東北の玄関口という位置づけにも変化が生じたようにも見える。

　広域生活圏の中心ではあるが、中心市街地の歩行者通行量も、市内の小売業もあまり良い数字を示していない。しかし、流通網の整備などによって、三陸から短時間でもたらされる海産物をいただくと内陸にいることを忘れるほど旨い。秋には近隣で松茸も取れる。食材に恵まれていて多くのものは安価に手に入る。しかも、近隣には自然があふれ、温泉が点在し、気軽にトレッキングなど散策もできれば、温泉にも入れる。熟年高齢者にも、楽しみの多い都市である。不動産も賃貸にせよ購入にせよ大都会に比べればきわめて安い。新幹線など交通網の整備で首都圏や大都市仙台も近くなった。のんびりと時間を過ごしたい大都市居住の熟年高齢者世代に移住を働きかけてみてはどうだろうか。居住人口の増加は確実に市内消費の増加をもたらす。とはいえ移住となると特に高齢者には冬の厳しさが障害になろうが、市街地のマンション暮らしなら克服できるようにも思う。

落ち着いた情緒ある街並みではあるが、市内に観光資源は多くない。しかし、ランチには選択に迷うほどの名物があり、夕食時には一年を通じて様々な味が楽しめる。三陸直送の海産物をはじめ周辺からもたらされる肴とともに南部杜氏の故郷の美酒がいただける。季節ごとに表情を変える自然景観に優れた観光地や温泉などへのアクセスの良い盛岡市の観光客は増加したが、戦略次第ではさらに観光客を呼び込むことができ、リピーターも期待できる都市である。宿泊は周辺の温泉も良いが、道路事情が改善された現在では、盛岡市に大きな荷物を置いて周辺地を散策し、盛岡市で季節の味を楽しみながらの一泊というのも良いのではなかろうか。そして盛岡土産を買って帰ってもらうことにより、消費は拡大する。それには、気軽に買って帰れるお菓子が欠かせない。市の周辺地域には市民ならだれでも知っている安くて美味しい伝統的な郷土のお菓子があるように思う。そうした素朴な味を生かした盛岡の土産品が観光物産店に並ぶことを願っている。

市単独でというよりも、周辺観光地、温泉を有する自治体と協力して、それらと上手に組み合わせた観光コースや、少しマニアックであるようなテーマをもった旅の提案、そして思わず買って帰りたくなるような土産品など地域の有志で多様な観光戦略を考えてほしいと思う。

第四章　山形市

はじめに

平成二八年秋に山形市で二度目の学術講演会の講演を行った。前回の平成一六年の講演の際はたまたま山形の地元サッカーチームのモンテディオ山形が一部リーグに昇格できるかどうかが決まる試合日と重なり、しかもその試合に負けて昇格できなかったこともあり、何となく元気のない会であったように記憶している。

久しぶりに山形のまちを歩いてみると、中心市街地は確かに整備されてきれいになっていた。そして、歩く人の数も心なしか増加しているようにも思えた。

山形市は元気なのか。率直な疑問をもちながら、講演会前の七月に山形市で講演会の実行委員の方々とお目にかかりお話を伺い、資料の提供をお願いした。実は山形市より山形新幹線で少し手前の米沢市出身の洋画家椿貞夫画伯のお孫さんが小学校以来の同窓生でバイオリニストとして活躍されており、米沢の美術館で椿貞夫展が開催された際のコンサートに出かけたのを機に少し足を延ばして伺ったのであった。ちなみに椿画伯は白樺派に属した岸田劉生に師事し、ともに草土社を創設して、何げない自然の風景を土や草まで克明に描いた画家である。

山形市という都市

山形市の講演は二回目であったが、山形県ということでいえば三回目の講演であった。もう一回は庄内地方の鶴岡市での講演であった。山形県内とはいえ、日本海に面した鶴岡市は内陸の山形市とは全く異なり別の県のようですらあった。

平成四年に山形新幹線が開業し、山形市と首都圏との時間距離は短縮され、人の移動が活発となり関係は強化された。市内には最上川水系の河川が流れ、山形盆地にある山形市は夏暑く、冬寒いという厳しい気候の都市である。逆に言えば季節がはっきりしていて、その時々に旬の味、季節の味も豊かなメリハリの利いた都市ということもできよう。ただ、山形県全体ではさくらんぼという名産品があるし、米沢市には米沢牛があるが、山形市では芋煮くらいしか頭に浮かばないのも事実である。

山形市といえば霞城とも呼ばれ、昭和六一年に国の史跡指定を受け、日本の百名城にも選ばれている山形城の城下町である。実は正平一二年（一三五七年）に最初にこの城を築いたのは羽州探題の斯波兼頼であり、私の苗字と同じである。だいぶ前に山形城を訪れた際、近くの表示に斯波と掲示された箇所があり、よくあることと思いながらも残念にも思った。「何か御関係でも」と尋ねられるが、応仁元年（一四六七年）から十年にも及ぶ、これまた斯波や畠山の家督争いから生じた応仁の乱より以前の家系図内のつながりは「創作」が多く定かではない。しかし、私の苗字と同じであるというだけで親近感がもてるのも不思議なものである。ちなみに出羽斯波氏は以後最上姓を名乗っているという。

市内には来街者にとっておそらくは魅力的であると思われる観光資源は他にもある。旧県庁舎及び県会議事堂であった文翔館は、市内大火の後、大正五年（一九一六年）に建てられたレンガ造りの重厚な歴史的洋風建造物であり、昭和五九年（一九八四年）には国の重要文化財に指定されている。

秋の講演の折に寄った市内東原町の紅葉公園のモミジ

霞城「復元された本丸一文字門」

文翔館

の色の美しさも絶品であった。中心市街地内を網の目のように流れる農業用水の石積み水路の堰の景観を利用した再開発商業施設水の町屋「七日町御殿堰」も立ち寄る価値があるであろう。商業施設ではあるが、山形の魅力が凝縮されて存在しているようにも思える。こうした中心市街地での取り組みも歩行者通行量の増加傾向をもたらしているのではなかろうか。

山形市の味

講演そして参加者との懇親会の後、山形の家電メーカーにお勤めの方に市内のお店にご案内いただいた。たまたま東京新宿の私がよく行く店で、山形からご出張で見えていたところに偶然お隣に座ったのが御縁であった。すでに山形での講演が決まっていたこともあり、出かけた際に市内で推薦できるお店をお尋ねしたところ、お連れいただけるという。

水の町屋「七日町御殿堰」

お言葉に甘え、ご推奨のお店にご案内いただいた。講演会場から歩いてすぐの本町の居酒屋「味山海」というお店であった。

このお店は、海に面していない山形市にあって海産物が豊富で、夏には岩ガキ、冬には寒ダラの菊わた酢などが出されるという。伺った折の酒肴としては秋であったので旬のお刺身のほかアケビの肉詰などをいただいた。昔は酒処といったら秋田や新潟であったが、今や山形はそれと並びそれを超えつつある。山形は、日本酒造りに欠かせない水、米、杜氏三拍子そろっている。キレの良い辛口の酒が特徴といえようか。余談ながら山形の料理では食用菊「もってのほか」が控え目に料理の片隅に添えられることが多い。まず私には菊の花を食べるという発想が浮かばない。何故このような名前となったのかも不思議に思う。名の由来には諸説あるようだが、食べてみたら「もってのほか」（思った以上に）美味しかった、菊の花を食べようなどとは「もってのほか」ということであろうか。

東京では飲み放題なら大手酒造会社の定番の酒くらいしか注文できないが、この店では「庄五郎」、「霞城寿」といった山形市内の酒だけでなく県内の寒河江近くの「朝日川」や米沢の「富久鶴」などの地酒が選べるのもうれしい。もちろん飲み放題でなければ庄内はもちろん県外の銘酒もいただける。当日は講演会後の懇親会ですでに食べ、飲んでもいたので、料理もお酒もアラカルトで注文した。どれも口に合う味で、酒との調和もよく、店の飾らない雰囲気が、講演会の緊張からの解放を促してくれた気がした。

山形市の商業事情

平成三〇年頃までは山形市の人口は若干減少傾向にあったが、以後約二五万人余を維持し、中心市街地の人口もほとんど変化はなかった。平成の大合併期にも合併が成立せず、周辺市町村が各自治体を維持したこともあり、県庁所在地の都市としては人口は多くない。令和六年の人口は二四万人余である。しかし、少し古いデータではあるが平成二四年時点で、洋服などの買回り品――毎日購入する食材など近隣で購入されることが多い最寄品とは区別されている――を山形市で購入する割合が三割を超える一次商圏が四市五町、五パーセント以上の三次商圏までを合わせると十市十四町一村におよび、山形市に買い物に来る人の数、商圏人口は七五万人にもなる。平成二一年と比較するとわずかながら商圏も商圏人口もプラスの方向に進んでいた。近年中心市街地の人通りは回復傾向にあるし、中心市街地の従業員数は維持されている。しかし、中心市街地の空き店舗率も若干上昇傾向にあり、年間の小売販売額は減少傾向にあり、中心市街地のシェアーは減少、売り場面積も市全体、中心市街地ともに減少してはいる。しかも、山形に住んでいても高価な買回り品などは日帰り可能な仙台や場合によっては東京まで出かけてしまうし、最近ではインターネットでの買い物も増えており、市内での消費は量、額ともに苦戦している。市の活性化には早急に何らかの対策が必要であると思われる。

居住促進

都市の発展を考える場合、居住人口の増大により市内の消費を拡大できればよいであろうが、雪の降る冬の厳しい地域では移り住んでもらうことは簡単なことではない。都会にあこがれ、流出する若者もいれば、都会が住みにくい若者もいる。都会よりも田舎での生活を望む者は少なからず存在すると思われるが、若者の移住を促進するには働く場の創出が必要となる。当然のことながら企業誘致はとんでもなく難しい。とすれば山形市への移住、居住促進は無理なことなのか。

山形市について注目したいのは市民アンケートの結果である。山形市についてとても住みやすい、比較的住みやすいと答えた市民は、中心市街地居住者では実に八七パーセント、その他の市内在住者でも七五パーセントと四分の三にも達しているのである。食という点では冬は寒く、夏は暑いという厳しい気候が美味しい食材を育んでいるともいえようが、そして外からたまに出かけて味わうということでいえば、山形は誠に魅力的ではある。しかし、生活するとなると大変だと思うが、市民にとっては住みやすいのである。換言すれば、市内在住者にとって山形市は「愛すべき存在」なのであり、おそらく、市の出身者にとってもその思いには通ずるものがあるように思う。そうであるとすれば、市の出身者のUターンを呼びかければ、少なからぬ反応が得られるのではなかろうか。やはり、住む上では公共交通機関のバス網がある程度充実しており、近隣で買い物ができる市内中心部に近い地域が生活しやすいというアンケート結果も得られている。中心市街地周辺、近郊に、熟年の少人数家族を意識した少し間取りがコンパクトなマンションなどの建設を促進し、首都圏在住者、仙台在住者などの離郷の定年退職者等に発信すればおそらく多少の反応は得られるのではなかろうか。

だが、夫婦がともに山形の出身ならともかく、どちらかが気候の穏やかな地方の出身であるだけで移住は難しくなるであろう。雪の多いところで生活することを決意するには大変な勇気がいることは確かである。しかし翻って、寒くて雪が多いところが人を外から呼び込めないのなら、札幌のまちの成長はない。こう考えるともう一歩踏み込んだ移住促進策を提示できれば全く無理な話ではないようにも思える。

山形市の観光

居住者の増加が容易でないとすれば、やはり有効な市内活性化戦略は観光ということになろうか。しかし、山形に来る観光客の大半は蔵王観光であり、平成一五年から一九年までは一六〇万人を超え、平成二〇年代には減少したとはいえ一二〇万人の観光客数であった。山寺にもおよそ七〇万人の観光客が立ち寄るが、平成二〇年までは山形市内に来訪する観光客は三〇万人以下であった。ところが、おそらくはNHK大河ドラマの「天地人」の影響や観光施設の無料化、水の町屋「七日町御殿堰」のオープンなどの努力が功を奏したのであろう。平成二四、二五年にはそれまでの倍以上の六四万人余の観光客が市を訪れ、以後も八〇万人前後で推移している。「天地人」の主人公直江兼続は上杉家の家臣であり、上杉家ゆかりの地は米沢市で山形市の観光客増に関係がないように思われるが、接点はある。実は、北の「関ヶ原」といわれる慶長出羽合戦が山形市郊外の長谷堂城であったのである。ちなみにこの北の「関ヶ原」では西軍側の兼続率いる上杉軍が東軍側の最上義光を攻めたが、関ヶ原で家康率いる東軍が西軍に大勝の報が入ると上杉軍は撤退することとなった。

平成三〇年九月に河原で行われた「第三〇回日本一の芋煮会フェスティバル」では、直径六メートル余の大鍋で里芋三トン、牛肉一・二トン、ネギ三五〇〇本、こんにゃく三五〇〇枚、醤油七〇〇リットル、日本酒五〇升、砂糖二〇〇キログラム、山形の水六トンを六トンの薪で煮たという。これは、「八時間で最も多く提供されたスープ」としてギネス世界記録にも認定された。多くの観光客が集まり、一万二千人余が舌鼓を打ったという。八月には三日間で一〇〇万人を集めるという花笠まつりもあるが、通常時周辺観光地の吸引力は強く、今後も周辺地への観光客を山形市内に誘導し、市内回遊を促進するには、市内での新たなイベント開催などなお努力が必要であろう。

前述のように市の人口は全体も、中心市街地でもあまり大きな変化はなく、市内の小売販売額は一貫して減少傾向にある。平成一〇、一一年には五万六千人余あった通行量は、市内大型店のダイエー山形店の閉店では減少しなかったものの、中心市街地の映画館など娯楽施設の閉鎖、近郊嶋地区への大型店進出などにより二〇年には半分以下の二万三千人余まで急減した。しかし、以後わずかずつではあるが中心市街地の歩行者通行量は、回復傾向を示し、平成二五年には二万八千人余となった。市内への観光客の来訪増によるだけではなかろうが、多少の関係はありそうである。

このように、市内への観光客の誘致がさらに加速すれば観光によるまちの活性化は可能であろう。

多くの地域では観光客の来訪が減少する冬の雪の季節は蔵王の樹氷観光の季節であり、山形県には多くの観光客が訪れる。工夫次第ではなお観光客の回遊を促進することは可能であろう。特別なことでなくてもよい。例えば寒い季節に、囲炉裏端や炬燵でいただくお燗酒は身も心も温めてくれる。観光客にとっておそらくはそうした素朴なもてなしが喜ばれることであろう。

おわりに

気候が厳しく雪の多い山形市への移住促進を図ろうとすれば、山形市出身の仙台や東京で暮らす定年退職者への帰郷促進が現実的、効果的であろうが、限定的なものとならざるをえない。より多くの移住を実現しようとするならば、他にはない山形市ならではの日常生活の素晴らしさを再発見し、より多くの都会生活者にアッピールしていくことが重要になるのではなかろうか。

雪は厄介なものであるが、雪の降る厳しい季節に多くの観光客が蔵王を訪れる。多くの観光客が市を通るか少なくとも近隣まで来ているのである。山形市はそうした観光客にちょっと寄り道させ、市内を回遊させる可能性、潜在力を有しているようにも思う。しかし、買い物や昼食で立ち寄ってもらうためには、季節に応じた食の提案や、市民には当たり前でも山形市だからこそというまちの魅力など、やはり他にはないプラスαが必要なように思われる。加えて立ち寄ってくれた観光客が思わず買って帰りたくなるような土産物が開発されれば経済効果はより向上するであろう。

四季それぞれに魅力に満ちたまちであるが、市民の山形市の魅力についての外部発信力はまだ弱い

紅葉公園。カラーでお見せできないのが残念

ように思われる。居住者を増やし、消費者の母数を増やすことで市内消費の拡大を目指すにしても、立ち寄る観光客の増加を目指すにしても、課題は多く実現が容易でないのは事実であろう。

しかし、諦める前にまずは原点にかえって、山形市大好き市民が結集し、市の魅力の再発見と再認識をして他にはないプラスαを見つけて、しっかりと外部に発信してほしい。そして、何を優先してどのように発信していくのか、最も有効な山形市流の発展計画が実行されることを願っている。山形の底力を見せてほしいと思う。

第五章 いわき市

はじめに

最初にいわき市を「目にした」のは、中学一年生の時の北海道旅行に向かう夜行列車の窓からであった。昭和三〇年代の後半という時代、夜の遅い時間であったが故かもしれないが、暗いイメージがあった。まだ、蒸気機関車が客車を牽引していた時代である。だいぶ時間が経過した後、いわき市に伯母夫妻が転居したので、以後何回か出かけたが、車で郊外の伯母宅に直接行くか、駅からタクシーを利用していたので、市街はほとんど通過しただけであった。たまに市郊外の観光地に立ち寄ることはあったが、まち中をゆっくり歩いたのは、平成一七年の夏に学術講演会でお世話になった時が初めてであった。

昔、陸路東北に入ろうとすると白河の関、鼠《ねず》ヶ関とともに奥州三関と呼ばれる勿来《なこそ》の関があったが、そこを越えた地にいわき市はある。関東地方から海岸側の東北地方への入口に位置している。東京からいわき市までは約二〇〇キロメートル、常磐線でいわき市の中心旧平駅、現在のいわき駅まで一時間毎に運行される特急ひたちで二時間余である。そう遠くはないようにも思うが、新幹線なら盛岡まで行ける。学術講演会の折にも日帰りのつもりで出かけたが、懇親会が盛り上がり、結局主催の学員会の御好意に甘え、講演会当日は駅前のホテルをとっていいただき、翌日早朝の特急で帰京したのを覚えている。

いわき市は平成二三年の東日本大震災で、八メートル以上の津波を受け、三四七名の死者、行方不明者を出し、約三万七〇〇〇戸以上の家屋が全半壊するなど大被害を受けた。中心市街地からは五〇キロメートル以上離れているとはいえ福島第一原発の放射能汚染の影響も受けたいわき市がその後どのようになったのか、自分の目で確かめに行きたいとも思いながら、しばらくその機会がなかった。定年退職で時間もでき、コロナも落ち着いてきた令和四年秋に、たまたま友人が昼間、仙台でクラシックのピアノコンサートを開いたので、帰りに思い切って立ち寄ってみた。隣県でもあるしそう遠くないように思っていたが、仙台といわきの間は一七〇キロメートルもあり、特急での所要時間も東京からと同様に二時間余かかったのは意外であった。

いわき市という都市

福島県は福島市、郡山市のある中通り、会津と海岸沿いの浜通りの三つの地方に分けられるが、浜通りの中心いわき市は、昭和四一年（一九六六年）に平市、磐城市など五市三町四村が合併して誕生した、当時は日本で最も面積の広い都市であった。ちなみに、現在ではトップは岐阜県の高山市で、いわき市は一二位である。意外にもというのは失礼かもしれないが、人口は東北六県では仙台に次いで第二位の中核市で、県庁所在都市よりも多い。全国のひらがな名の都市でもさいたま市に次ぐ二位である。しかし、平成一二年には人口は三六万人であったが、東日本大震災後の平成二七年には三五万人となり、令和二年には三二万人を切るなど人口減少が続いている。減少は特に一五歳から六四歳の生産年齢人口で著しく、平成二七年二〇万四〇〇〇人から令和二年には一七万四〇〇〇人となった。平成二七年の昼夜間人口比は九八・三と高くなく、市の中心性、吸引力は弱い。とはいえ、市民の市内での就労、通学者は一五万五〇〇〇人で市外の一〇倍以上と日常の人の出入りの少ない都市である。人口の割にはいわき駅周辺など中心市街地にも高いビルは少なく、平面的に広がった落ち着いた都市という印象であった。東北でありながら、いわき市は全国的に見ても日照時間は長く、気候は温暖で生活しやすいまちだと伯母からは聞いていていたが、何度か訪れた際にもそれは実感できたし、令和四年一〇月末に立ち寄った折にもコートは不要であった。

昭和六三年（一九八八年）には常磐自動車道が開通し首都圏との車での移動も楽になった。さらに平成七年には、郡山など中通りとの間に高速道路磐越道が開通して県内移動も円滑にな

勿来の関

った。一昔前に比べ便利になったとはいえ、いわき市の産業動向を見ると、第二次産業の工業は、平成二二年の事業所数が六四九、従業者数二万四五六一人、製造品出荷額九七〇〇億円余りであったが、平成二八年にはそれぞれ五六九、二万三六七八人、九一四四億円と全体的に減少した。しかし減少幅は小さい。それに対し、第三次産業の商業の小売業の事業所数は、平成三年に四九二六店であったが、平成二六年には約四割減の二九二九店と大きく減少した。小売従業者数も約二万一〇〇〇人から一万九〇〇〇人弱へと二〇〇〇人程減少したが、店舗数の減少と従業者数の減少はほぼ同数であり、閉店の多くが小規模個人商店であったと思われる。小売の年間販売額も二三年間で約三七三億円減少している。しかし、平成二三年に東日本大震災に見舞われたことを考慮に入れると、むしろ総体的に頑張った数字といえるようにも思われる。外部とのアクセスは良くなったとはいえ、首都圏、仙台だけでなく県内の福島市にも高速バスで約二時間、郡山市にもＪＲで二時間弱かかるなど、独立商圏を形成していることも幸いしたのかもしれない。

いわき市はもともと常磐炭鉱で栄えた地にある。昭和五〇年代に閉山したが、その様子は民謡常磐炭坑節で歌い継がれている。温泉地としても有名であった。かつて来訪した観光客の多くは、一六〇〇年以上の歴史をもち、有馬、道後とともに日本の三古泉の一つといわれ、常磐湯本温泉と呼ばれた現在のいわき湯本温泉に宿泊した。しかし、今や年間一五〇万人を超える観光客がスパリゾートハワイアンズを訪れる。しかもその消費の多くはその施設内で完結しているようにも感じられる。

このように今では、いわき市といえばスパリゾートを連想させるかもしれないが、私は昭和四六年

（一九七一年）に夏の甲子園、全国高校野球選手権大会での県内有数の進学校、磐城高校の大活躍を思い出す。決勝では神奈川の桐蔭学園に惜敗し準優勝となったが、磐城高校の帽子、ユニホームの色からそのさわやかな戦いぶり、活躍は「コバルトブルー旋風」と呼ばれたのが印象的であった。

いわき市の観光

いわき市は、観光面でも意外と見どころのある都市である。その割には観光ガイドブックで一冊にまとめられているのは私の知る限りでは『ことりっぷ　いわき』くらいしかなく、福島県のガイドブックでは会津が中心で、次に中通りが続き、いわき市など太平洋側の浜通りについての記述は少ないように思われる。

いわき市の観光スポットは市内とはいえ広域にわたる。市の中心部から内陸を南に進むと、いわき湯本温泉の手前に白水《しらみず》阿弥陀堂がある。福島県内で建造物としては唯一の国宝である阿弥陀堂の中には重要文化財の本尊阿弥陀如来像などが安置されている。浄土庭園も素晴らしく見ごたえがある。しかし、これだけの歴史的施設であるにもかかわらず、公共交通の便はよくないし案内も不十分のように思えた。いわき駅からのバスは午前中は二時間に一本、午後も一時間に一本と少なく、常磐線の内郷駅から近いといっても約二・三キロメートルあり、歩くにはちょっと距離がある。

いわき駅から南東に進み海岸に出れば、明治三二年（一八九九年）に煉瓦石造りで建てられ、戦後再建された、日本の灯台五〇選にも選ばれた青い海に映える白亜の塩屋埼灯台がある。灯台の立つ丘

白水阿弥陀堂

塩屋埼灯台

の下の「雲雀《ひばり》乃苑」には美空ひばりの「みだれ髪」の歌碑がある。星野哲郎作詞の「憎や恋しや塩屋の岬…」と歌われたこの歌は美空ひばりが大病後の復活の曲であり、それは結局最後のシングルレコードとなった。

さらに海岸沿いに南下した小名浜には三方を海で囲まれた三崎公園内にいわきマリンタワーがあり太平洋の絶景が楽しめる。三陸沖から福島沖にかけて黒潮と親潮が交わる潮目があるが、海岸線を西に進むとそれをテーマとした水族館アクアマリンふくしまがある。大震災の前には年間一〇〇万人以上の来場者を集めたことのある人気スポットである。館内の水槽前の寿司処「潮目の海」で潮目という豊かな漁場でとれる魚が食べられるという。車で観光するなら、さらに南に足を延ばせば勿来の関があり、南下を続けて茨城県に入ると五浦《いづら》海岸には岡倉天心ゆかりの六角堂もある。

逆に、市内を北に少し足を延ばせば、郷土の偉大な詩人として市民の誇りとする、蛙を題材にした詩が印象的な詩人草野心平の一六歳まで過ごした生家や平成一〇年に創設された草野心平記念文学館もある。ただ、両施設ともいわき市中心部からは一二キロメートル程あり、タクシーで五〇〇〇円以

「雲雀乃苑」の「みだれ髪」歌碑

「雲雀乃苑」の美空ひばり碑

草野心平記念文学館

上かかるという。最寄り駅の磐越東線の小川郷駅からも歩くには遠く、駅構内にはタクシーもなく、気軽に立ち寄るというわけにはいかない。

このように、市内の内陸にも海沿いにも、寄ってみたい観光施設はあるが、いわき駅の南側の繁華街近くには、電車で出かけた時や伯母といわき駅前に食事に出た時にも、特に寄り道をするところも見つからなかった。今回出かけた折には、駅の北口前の磐城平城の二の丸と三の丸の間の内堀を近代的な公園にしたという丹後沢公園に行ってみた。緑濃い静かな公園内の池周辺には遊歩道も整備されており、しばし喧騒《けんそう》を離れのんびり散策するのもよいように思った。

市の祭りとしては昭和二七年（一九五二年）から四倉《よつくら》みなと祭りとして始まり、昭和五六年からは青森ねぶたの骨組みを再利用した七月の四倉ねぶたといわきおどりの夕べや八月の七夕祭りなどがある。観光イベントとはいえないかもしれないが、一一月には小名浜のいわきアクアマリンパークをメイン会場としたツール・ド・いわきも開催される。隣接した相馬市では千年の伝統をもつといわれる相馬野馬追も催される。

旅の土産をと考える時、福島といえば真っ先に柏屋の薄皮まんじゅうが頭に浮かぶが、いわき市にはどのようなものがあろうか。八月のお盆に鉦、太鼓を打ち鳴らしながら新盆を迎えた家々を廻る「じゃんがら念仏踊り」という風習があるが、それにちなんで命名された「じゃんがら」というあんこを柔らかな厚手のクッキーで挟んだ一見どら焼き風の小さなお菓子がある。お茶を飲みながらいただいてみたが、あんこの量の割には甘さも程よく、手軽なお土産には良いように思った。珍しいといえば、いわき名物メヒカリをかたどったチョコレートの中にとろりとした塩キャラメルが入った「めひかり塩チョコ」もそれなりの味である。お菓子ではないが、塩漬けした大根を細切りにしてシソで巻いて醤油に漬け込んだ長久保の「しそ巻き」はいわき土産のベストテンに入る。個人的には、手軽なお土産として、あるいは、帰路の車中の酒のつまみとして、おのざき「厚揚げソフトかまぼこ」など地元産「練り物」がお勧めである。

いわき市の味

いわきの味として真っ先に挙げられるのはメヒカリであろう。焼いても揚げても絶品である。メヒカリはまさにいわき独自の名物と思っていたが、遠州灘などでもとれるらしく、浜松や三重でもいただくことができた。しかし、「常磐もの」のメヒカリは、皮が薄く脂がのっていて絶品との評判である。令和四年秋に訪れた折には、駅近くの浅草だるまやでアジとヒラメのお刺身とメヒカリのフライをいただいたが、どれも絶品であった。地元四家《しけ》酒造の「又兵衛」の純米酒とも納得の調和であった。そのほかにも、メヒカリと並ぶいわき名物にはアンコウ鍋もあるし、ウニの貝焼きも旨い。

前述のように、常磐沖の二海流が交わる潮目には多様な小魚が集まるが、それを求めて多くのカジキも集まる。原発事故後の閉塞した環境の中で、平成二四年からカジキグルメ実行委員会が結成され、疲労回復を助けるたんぱく質「イミダペプチド」が多く含まれるというカジキを食材とした町おこしが行われている。カジキのメンチカツやコロッケ、それらを使ったバーガーをはじめ多彩な料理が提供されているという。ただ訪れてみると、改装中のいわき駅には地元飲食店はなく、まち中でもカジキの料理を出す店には遭遇できず、結局味見できなかった。

原発事故以来、近隣でとれた魚は市場に出ない時期があったが、それが解除されてからは多種の美

おのざき「厚揚げソフトかまぼこ」

四家酒造「又兵衛　大吟醸酒」

味しい地魚が市民の台所にもたらされていると思われる。常磐線でいわき駅より二駅北上した四ツ倉駅近くの大川魚店四ツ倉本店にはいわき港で水揚げされた新鮮な水産物「常磐もの」の旨そうな大好物真サバなどが所狭しと並んでいた。だが、買って帰るには遠く、時間もかかる。残念ではあったが、なくなく我慢して帰京した。

旨い地魚にはやはり酒であるが、福島は酒どころ、会津や中通りだけでなくいわき市にも一〇軒を超える酒蔵があるという。だが、実際に醸造を続けているのは三軒で、その中でも、前述のいわき市内郷の四家酒造の「又兵衛」は、往年の名優三国連太郎が愛した酒といわれ、地元消費率九五パーセントの本物の地酒である。弘化二年（一八四五年）に酒好きの先祖が自らが楽しむ酒を作り始めたのが起源という。「又兵衛」の特別純米酒「いわき郷」は全国新酒鑑評会で六年連続金賞を獲得しており、酒の旨味と酸味のバランスがよく、キレがある、料理の邪魔をしない酒である。令和四年秋に酒蔵に立ち寄った折には、そこでしか買えないという、約一年前に作られた五〇〇ミリリットルのレッテルもない大吟醸酒を買って帰った。コクのあるきりっとした辛口の酒には脂ののったハマチの刺身がよくあった。

いわき駅周辺

出かけた折に酒蔵に寄ることはできなかったが市内大平桜酒造の「大平桜」もいける酒である。いわき駅近くの土産物店で買って帰ろうと思っていたが、駅周辺には売っている店は見つからず、駅前のスーパーで地元産の前述のおのざきの「揚げかま」を買い、改修工事中の改札内の売店を眺めてみたが地酒はなかった。「揚げかま」をつまみに「大平桜」がいただけなかったのは残念であった。

おわりに

東北というと、雪が多いか、風が強く冬が厳しいという暗いイメージをもつ人も多いと思うが、いわき市は、日照時間の長い穏やかな気候に恵まれた、東北第二の人口を有する都市であり、首都圏から最も近い東北地方の都市の一つである。漁業資源にも恵まれ、メヒカリ、アンコウ、カジキやウニなど季節毎においしい魚介類が豊富な都市でもあるし、市内には温泉もある。観光施設も観光場所も郊外や周辺地域を含めれば決して少なくはない。いろいろな意味で東北の都市の中では観光客の集客にも、生活するにも環境に恵まれた都市の一つのように思える。

しかし、観光客を市に迎えようとするには、スパリゾートハワイアンズを除けば、魅力の外部発信はインパクトに欠けるようにも思われる。しかも、市内、近隣において公共交通機関での移動はかなり不便で、いわき駅の観光案内所には観光客に対応した一日もしくは半日の「駅からぶらり路線バスの旅」などのパンフレットはあったが、路線バスで点在する市内の主要観光地を一日で周遊するのは難しいように思った。しかもこのパンフレットは、基本いわき駅が起点であり、いわき駅周辺の散策や食事には便利であっても、スパリゾートに来訪した観光客を市内観光に導くことは意識されていないように思われた。年間一五〇万人もが訪れるスパリゾートと湯本駅とを結ぶ無料バスの湯本駅到着時刻に合わせて、「ぶらり路線バスの旅」ができるようなプランが提供されてもよいのではなかろうか。

市内をあちこち訪ねようとすれば大きな荷物を持って何度も乗り換えするのは容易なことではない。例えば、スパリゾートから大きな荷物だけ別便でいわき駅に届けられるなど旅行者への側面からの支援や、観光ポイントを巡る乗り合いの観光タクシーなど観光客のニーズに対応した工夫が観光客の市内回遊を増加させるようにも思う。いずれにしても市民が知恵を出し合って、来訪者が快適に市内各地を回遊し、結果として市内で過ごす時間を増やすような、また来たくなるような優しいまちづくりを考えてほしいと思う。福島の浜通りでは地域生産物に放射能汚染の風評被害が続いただけでなく、観光客も敬遠する傾向にあったように思う。遠来の客を呼び寄せ、旨い郷土の味と酒でもてなす、そんな地道な努力の成果が実ることを願っている。

首都圏の定年退職者を迎えるには、気候の良さ、地価の安さ、自然にあふれ、豊富な海の幸に恵まれ、近隣に温泉もあり、生活するにはほど良い大きさの都市でもあるように思う。職場からは自由になったとはいえ、職場や住み慣れた地域の友人たちとたまには旧交を温めたいという希望にも東北の最南端に位置するいわき市は、首都圏からも仙台からもほどほどそれがかなう時間距離にあり、移住の促進には好条件がそろっているように思う。

しかし、原発事故地近郊の都市というだけで移住は躊躇されるのかもしれない。それらの払拭にはまだ多少の努力、時間が必要であろうが、困難な状況から復活を遂げてきたスパリゾートハワイアンズのように市民の復活への情熱と力強い団結を期待したい。

第六章　新潟市

はじめに

新潟市には平成一七年にゼミの調査合宿、その後、研究所の調査でお世話になり、学会でも伺った。新潟市は、それ以外にも佐渡島観光に出かけた折や、鶴岡での講演の時にも立ち寄るなど、何度となく訪ねた都市である。その目的の一つはいうまでもなく旨い海の幸と地酒を味わうことである。

戦後の新潟市は、昭和三〇年代（一九五五～六四年）の新潟大火、新潟地震の復興に際しての新都市計画により近代的な都市へと急激に変貌を遂げ、さらに上越新幹線、上越自動車道の開通で大きく変化したといわれる。新幹線の開業や高速道路の開通は、一般的にいえば大きな経済効果をもたらし、新潟経済は活性化したと考えられているが、良いことばかりでもないような気もする。コロナも落ち着いたので、令和五年五月に久しぶりに新潟県庁で活躍するゼミの卒業生を訪ね、新潟のまちを歩いてみた。そんな新潟市の今を、何度か訪れた折の事など思い起こしながら考えてみたい。

新潟市という都市

新潟市は、本州の日本海側では唯一の八行政区から成る政令指定都市である。市の人口は、平成一二年には八一万四〇〇〇人に達したが、以後減少し、令和三年時点で約七八万人余である。国内最大の面積の島、佐渡島への港であり、ロシア極東地域への玄関口でもある。冬は風が強く、体感の寒さも厳しいが、雪は内陸地方のように多くはない。

現在の新潟市は一七世紀にそれまでの港が土砂の堆積で使用が難しくなったことから計画的に移転建設された都市である。信濃川に沿って西堀、東堀が掘られ、さらにそれらを直角に結ぶ堀が作られ、米の輸送など物流路としての機能を果たした。かつて新潟は日本海を北から西へ、西から北へ人や物資を移動する日本の物流の大動脈上の重要な中継港であったが、近代に入り主要な物流ルートが太平洋側に移り、また、昭和六年（一九三一年）に三国山脈を貫くループ式の清水トンネルが完成し、首都圏と鉄路で容易に人と物が行き来するようになると、それまでとは異なる新たな都市へと変貌を遂げていった。

昭和三〇年（一九五五年）の新潟大火の復興事業の一環として市内の堀は埋め立てられ道路として利用されるようになり、昭和三三年には新潟駅が中心市街地と信濃川を挟んで反対側の現在地に移転し、都心とは萬代橋で結ばれた。その六年後には新潟地震に見舞われ大きな被害を受けたが、以後都市再開発は急速に進展した。特に昭和四七年以降、古町とＪＲ新潟駅の間の万代地区ではバスセンターや商業ビルが設けられ、昭和五九年には新潟伊勢丹が開店し、平成一四年には新潟三越エレガンスが若者向け商業施設、新潟アルタとしてリニューアルオープンするなど、新たな市の中心核の一つ万代シティとして賑わいをもたらしている。

県の中心でもあり、市内総生産の八割を第三次産業が占める商業都市ではあるが、第二次産業も元気である。平成一九年から三〇年の推移をみると、工業の事業所数は一二七〇から九八七へと減少しているが、従業者数は約四万人から一五〇〇人程度減少しているにすぎず、出荷額は一兆八〇〇〇億弱から約一〇〇〇億円増加している。

萬代橋

商品販売額の県全体のおよそ半分を新潟市が占め、その七〇パーセント以上を卸売業が占めている。小売事業所数は平成一四年が頂点で八七〇〇店弱であったが一〇年後の平成二四年には七〇〇〇店余に減少している。同様に従業員数は頂点の平成一六年から二四年に三五〇〇人減少、販売額は頂点の平成一九年からの五年で一〇〇〇億円余減少した。その後、統計の取り方が変わった平成二六年から二八年にかけては、事業所数は約二〇〇店余、従業者数も約三五〇〇人増えており、販売額は約一〇〇〇億円増加して平成一九年の額を超えた。首都圏と新幹線でつながり時間距離の大幅短縮によって日帰り圏となったため、日帰り出張が当たり前となり、支店の統廃合が生じたとも聞くし、高級衣服など買回り品の首都圏での購買が誘引され、市内消費の低下にも少なからず影響を与えたようにもいわれたが、新潟市の商工業はともに元気であるように見える。地理的にみると、周辺の県庁所在地クラスの中核的な都市は福島、富山、前橋、高崎などであるが、距離がある。いわば独立した商圏をもつ地域にとってなくてはならない都市であり、必然的に成長拡大したといえるであろう。

だがしかし、中心市街地では、旧来の古町地域が周辺部から衰えが始まり、寺町側ではパチンコ屋や風俗店の進出、市役所側では空き店舗が目立つ。北陸に展開する大和《だいわ》百貨店が平成二二年に撤退した後、昭和五五年（一九八〇年）に老舗の小林百貨店から名称変更した三越百貨店が令和二年には閉店するなど元気を失いつつあるように見える。市内中心部にある本州の日本海側最大の地下街「西堀ローサ」も活気がない。「西堀ローサ」は鉄道駅と結ばれていない珍しい地下街だが、その階下には駐車場があり、また新バスシステムＢＲＴで市役所、万代シティ、新潟駅などと短時間で結ばれており、冬の寒風の中でも快適に買い物ができる強みがあるようにも思う。しかしピーク時

地下街「西堀ローサ」

の平成三年の売上高約五〇億円から、平成一九年には一六億円台に、令和元年には一億四〇〇〇万円余にまで急減したという。都心ばかりではなく、郊外では平野が広がり平坦地の多いことから、多くの郊外型量販店が市郊外に進出した結果、量販店間の競争の激化によって市内の中小店だけでなく量販店も淘汰されることにもなった。

県庁所在都市くらいの規模の都市、特に寒さの厳しい雪の降る北国では病院や買い物など市民の市内移動には、定時運行の公共交通機関が大切であることは富山の旧国鉄の富山港線のライトレール化の高い評価からもわかる。もともと新潟市には市役所近くの白山前駅から弥彦線燕まで三六キロメートルに新潟交通の電車が走っていたが、モータリゼーション化の影響を受け、平成四年以降少しずつ廃線となり平成一一年に全線廃線となった。したがって、市内移動はバスか自家用車になる。自家用車は都心部では駐車料金がかかり、食事はできてもお酒は飲めない。前述のように新潟市でも新バスシステムを導入して効率的なバス輸送を試みてはいるが、今後の新潟市の発展を思うと、令和五年にライトレールを開設した宇都宮市のように市内電車の復活を考えても良いように思うし、モノレールの導入など、思い切った交通の改善が必要であるようにも思う。

新潟の公共交通といえば、その一つ新潟交通のバスは昭和二二年（一九四七年）から地元産天然ガス車の運行を始め、昭和三五年頃には全車両の八〇パーセント五四五台が天然ガス車であったという。昔、地理の授業で新潟では自前の天然ガスでバスが運行されているというのを聞いて感心したのを覚えている。しかし、ガスの掘削による地盤沈下が問題となり、昭和四六年には消滅した。近年炭素の排出量の少ない天然ガスの見直しが進められていることを思うと、少し残念には思うが、仕方がない。

新潟市の観光

新潟市内にはあまり歴史的な観光施設は多くなく、しかも点在している。それらを巡るには一日五〇〇円で乗り放題の新潟駅を起点として三〇分ごとに運行される観光循環バスが便利である。バスはまず駅から市内中心部の古町にむかって信濃川にかかる石造りのアーチ型橋、歴史的文化財の萬代橋を渡り、左折し東堀通りを進む。バスルートを少し離れて東堀通りと古町通りの間のその名も鍋茶屋通りへと右折すると、ほどなく文化三年(一八四六年)創業の料亭鍋茶屋がある。明治四三年(一九一〇年)に再建された「折り上げ格天井《ごうてんじょう》」が見事な二〇〇畳敷きの大広間などを有する建物は国の登録有形文化財にも指定されている。余談ながら、三〇年以上前の新潟への旅行の際、無謀にも数人での宴会の相談をしてみたが、あまりに予算と合わず諦めざるをえなかった。その後も新潟に行くたびに行ってみたいと思い出すのだが、なんとも敷居が高い。

東堀通りの二筋北側の旧来の中心市街地古町通りを左手へ市役所側に進むと白山公園と新潟総鎮守

ふるまちモール

白山神社にぶつかる。白山公園は池と築山を配したオランダ風回遊式庭園で、公園内には明治建築として国の重要文化財に指定されているレトロでモダンな新潟県政記念館がある。日本の都市公園一〇〇選にも選ばれ、平成三〇年度には国の名勝にも指定された。そこから少し北に進むと新潟大学医歯学総合病院脇には石油王新津恒吉の外国人客用の洋風の迎賓館新津記念館がある。令和五年に訪れた折には火曜、水曜と二日出掛けたが、ともに「休館日」の看板があり、見学できなかったのは残念であった。

新潟県政記念会館

新津記念館

豪商旧齋藤家別邸

旧新潟税関庁舎

旧第四銀行住吉町支店

今代司酒造

循環バスは、新津記念館から砂丘地形を利用した回遊式庭園を有する豪商旧齋藤家の近代和風建築の別邸へと進む。そのすぐ近くの行形亭《いきなりや》は創業三百年という日本料理の老舗料亭である。さらにバスは、明治期に廻船問屋を営んだ旧小澤家住宅の脇を抜け信濃川河畔の新潟市歴史博物館みなとぴあに至る。みなとぴあには幕末に開港された当時の建造物、国指定の重要文化財旧新潟税関庁舎や復元された旧第四銀行住吉町支店が並ぶ。郊外にはなるが、中心部から南東へ阿賀野川沿いの越後の大地主伊藤家の大邸宅も素晴らしい。現在は北方文化博物館となっている。

いわゆる観光とはいえないかもしれないが、新潟県は日本有数の日本酒の産地であり、新潟市は「酒都」とさえ呼ばれ、新潟市内には一五軒ほどの酒蔵がある。その中には上越市の「雪中梅」とともに越後三梅に数えられる「越乃寒梅」、「峰乃白梅」の二つの酒蔵もあり、個人的な酒蔵巡りや地酒の飲み比べツアーも面白いのではないかと思う。令和五年に出かけた折には、まず迷うことなく新潟駅から徒歩圏内の今代《いまよ》司《つかさ》酒造の酒蔵に立ち寄った。蔵を見学の後には定番のテイスティングである。無料の試飲もあったが、ここは一〇〇〇円払って、高級酒を味わってみた。たしかに旨い。そのうち「時を味わう　Vintage 二〇一一」を土産に買って帰った。すっきりした澄んだ味が天然ヒラメの刺身によく合った。

「時を味わう Vintage 2011」

駅ビル内の「ぽんしゅ館」で飲んだ「麒麟山ながれぼし」も旨かったので躊躇なく土産にしたが、土産が酒ばかりというのもいかがなものかと思い、お酒とともに名物「かきのたね」も購入した。その他、家人への土産物には田中屋本店の本町店で出来立ての「笹団子粒あん」を買って帰ったが、甘すぎず、もちもちの団子は実に好評であった。

蛇足ではあるが、地元新潟大学には日本酒にかかわる文化的、科学的な幅広い分野を網羅する県、酒造組合、大学が連携した「日本酒学」研究の拠点、日本酒学センターがある。どのような研究成果が発表されるのか、今後の動向には興味津々である。

「ぽんしゅ館」

新潟市では昭和三〇年（一九五五年）以来、八月上旬に住吉神社の住吉祭、商工祭、開港記念祭など四つの祭りに「住吉行列」、民謡流し、花火大会などが三日間にわたり集中的に行われ、夏の風物詩になっている。平成二八年には三日間で一〇〇万人余の市民、観光客の人出があったという。

郊外に足を延ばせば彌彦神社も魅力的であるし、寺泊は観光客向けの魚貝類の市場として賑わっている。新潟市の周辺には天然ガスだけでなく石油も埋蔵されており、明治から大正にかけて石油の採掘が行われたが、その際に偶然発見されたという温泉もある。新発田駅近くの「もっと美人になれる温泉」月岡温泉や、村上の夕日の美しい瀬波温泉などである。それら温泉地では温泉だけでなく、海の幸を中心にした料理に地酒も楽しめる。村上の「〆張鶴」はすでに東京でも飲めるメジャーな酒になってはいるが、純米吟醸の「純」は自己主張をしながら繊細な日本料理を引き立てる。冬なら炬燵を囲みながら郷土料理とともにいただくと心身ともに癒されるのではなかろうか。

新潟市の味

前述の「ぽんしゅ館」の「唎酒《ききざけ》番所」では、入り口で五〇〇円渡し、おちょことコイン五枚を受け取り、各銘柄の酒の自動販売機にコインを入れるとおちょこに酒が注がれ、最多五種類の酒が飲める。店内には新潟の地酒銘柄が多数準備されており、好みの酒を探すことができる。うまく当たればよいが、捜すうちに酩酊してしまうかもしれない。しかし、私は本当の「のんべい」ではないのかもしれないが、地酒とその地の環境が育んだ肴がそれぞれを生かすそのハーモニーが大事な気がする。それを現地で楽しむところに旅の醍醐味があるように思うのである。

新潟県内で海産物といえば、寺泊が有名だが、新潟市も日本海の魚貝類の宝庫である。以前萬代橋近くのホテルオークラ新潟に宿泊した折り、繁華街古町まで行かず、ホテル近くの御鮨屋さんで夕食をいただいたが、魚は相性の良い地酒とともに旨く、リーズナブルであった。今回はゼミの卒業生で新潟県庁に勤めているゼミOBに中心市街地にある「酒肴屋いっこう」という

「唎酒番所」

お店を予約してもらい、地物の新鮮な魚介と地酒を楽しんだ。まずは「村祐」亀口取無濾過生原酒から、白身魚のあっさりとした刺身にもよく合う。やはりメインは「鶴齢」純米無濾過越淡麗生原酒へと続けたが、これまた新鮮な刺身とのバランスが何とも言えない。やはり新潟の酒は程よい自己主張で穏やかなのがよい、とにかく旨い。

新潟の味というと、日本海の海産物、高級魚のノドグロやとろりとした食感と甘みが特徴的な南蛮エビなどを思い浮かべるが、市の周辺には豊富な農産物もある。甘く爽やかな風味の春先の女池菜《めいけな》のおしたしは日本酒と合うし、やわらかな食感でジューシーな巾着型の十全なすの浅漬けは夏の冷えたビールにピッタリである。ビールとの相性でいえば黒崎茶豆も抜群である。新潟市民の枝豆などさや豆の購入量は平成二九年から令和元年まで日本一であったし、令和二年の枝豆購入額は全国平均の二・五倍であったという。少し古いデータではあるが、平成一八年の新潟市の枝豆の作付面積、収穫量、出荷量はいずれも山形県鶴岡市に次いで全国第二位であった。令和二年には県の栽培面積は全国第一位になったが、市場への出荷量は七位であったという。この不思議な現象は親族友人間での自家消費の結果ともいわれている。市民県民ともに枝豆が大好きなのである。ちなみに、新潟で栽培されている枝豆は四〇種にも及び、五月から一〇月までおよそ半年間楽しめるという。枝豆に関連したイベントも令和六年七月には第七回世界えだまめ早食い選手権が県内長岡市で開催された。

様々な果物にも恵まれているが、その中でも洋梨ル・レクチェは新潟県の旧白根市、現在の新潟市南区で明治時代に最初に栽培されたといい、新潟県が生産の八割を占め、みずみずしい甘さに魅了される。ちなみに同じ洋梨でもラ・フランスの生産は八割が山形県である。「へぎ」と呼ばれる長方形の器に盛ったへぎそばは小千谷、十日町地方の名産といわれ、織物に使用した海藻の布海苔をつなぎに使用したそばで、ワサビの採れなかった魚沼地方ではからしを薬味に使ったようだが、新潟市などではワサビでも味わえる。

意外であったのは、県庁所在都市と政令指定都市を対象として総務省が行った調査によると、新潟市民の令和三年の一年間にラーメンにかけた外食費用が、九年連続一位であった山形市を抜き日本一になったということであった。一世帯当たり一万三七三四円と山形市を三〇〇円ほど上回ったという。令和四年には連覇はならず、山形市の一万三一九六円に対し一万二五七三円であったというが、それでも全国二位である。このように市民のラーメン消費が多いのは、新潟市にはたくさんのラーメン店が多種のラーメンを市民に提供しているのが一因のようだが、どう評価すべきなのか考えてしまう。ただし、何であろうと日本一は日本一なのである。例えば、餃子の一世帯当たりの年間購入額は、令和三年、四年と浜松市、宇都宮市を抜いて宮崎市が全国一位になったが、そうなるためには売る側、買う側の市民の「努力」と「協力」が必要であったはずである。そして「意外」にも一位になれば、放っておいてもマスコミが外部発信してくれる。こうしたことはいずれもまちを元気にする力になるように思う。素直に評価したい。

おわりに

市内を走っていた新潟交通の電車は、古町からJR新潟駅までの延伸ができず、モータリゼーション化の波に敗れたが、今後の市の発展を考える時、病院、市役所、県庁や古町、万代、JR新潟駅などを結ぶ公共交通のより一層の強化は必要不可欠のように思われる。

市内の歴史的な観光施設は明治以降のものがほとんどで、観光客を単独で呼び込むには不利な都市である。その上、冬は風が強く、天気に恵まれない厳しい気候の都市でもある。かつて新潟駅の駅舎を出て駅前の広場でバスを待つ時には寒風を遮るものがない殺伐とした印象で、大都市の玄関口としては来訪者にやさしい広場への改善が必要であると感じていたが、令和五年に訪れた際には駅舎の建て替えとともに広場の改変が行われており、令和六年には新潟駅直下にバスターミナルが完成した。

工事中の新潟駅

気候が厳しい分おいしい食べ物が豊富な都市である。日本海の海の幸、とれたて新鮮な野菜や果物などを味わってもらうことをもっと観光客誘致のコンセプトにすべきではなかろうか。個人的には地酒と料理のコラボレーション情報にも配慮してほしいと思う。

講演で訪れた折に、お会いした地元の方に「このまちの日本一は何ですか」と尋ねることがある。それは、市民のラーメンの消費額だけでなく、何でもよいし、また、日本一でなく地方一でも地域一でもよいのである。こうした一番探しからも都市の個性をアッピールできると思うのである。

首都圏からの時間距離は短く、内陸の長岡などと比べれば雪の少ない分、冬の雪下ろしなどの重労働は少なく、坂の少ない平坦な地であることから、熟年、高齢者であっても生活に支障をきたすことも少ないように思われる。こうしたことを首都圏に向けて積極的にアッピールすれば反応もあるのではなかろうか。もう少し自信をもって、新潟市の良さを外部発信してはどうかと思う。

第七章　長野市

はじめに

長野市には平成一九年に学術講演会で伺い、二二年頃に中央大学に学ぶ学生の父母の会、父母連絡会でもお世話になった。三〇年に長野駅から長野電鉄で三十分弱の須坂市で学部横断ゼミＦＬＰのサマースクールが実施された際にもＪＲと長野電鉄の乗り換えの合間にほんの少しだけ市街に出た。個人的には善光寺に何回もお参りさせていただいたし、周辺の温泉や、志賀高原のスキー場への途中に何度となく立ち寄ってはいる。ただ、市内では善光寺とその参道、権堂《ごんどう》の商店街ぐらいしか記憶にない。ゆっくりとまちを散策していないのである。

善光寺の門前町として落ち着いた街並みが、平成一〇年の冬季オリンピックにむけて都心部にはホテルなどの近代的ビルが建設されインフラの整備が進み、首都圏とは新幹線や複数の高速道路で結ばれて、近代的な都市へと変貌した。しかし、中心市街地からの大型店の郊外移転、大手資本の一時的な過剰投資とその撤退による問題や、近年には北陸新幹線の金沢延伸で途中駅化も心配である。観光客数やその消費額が安定し、宿泊客数が増加しているにもかかわらず市内消費が増えないなど、いろいろ気がかりなこともある。令和三年一〇月、久しぶりにそんな長野市を訪れる機会に恵まれた。改めて感じたことなど書いてみたい。

長野市という都市

冬季五輪マンホール

長野県は広く、長野市のある北信地方、木曽、松本、安曇野など中信地方、諏訪、伊那、飯田の南信地方、上田、小諸、佐久など東信地方から成るが、県内の地理的位置は松本の方が中心に近く、長野市は北にある。かつては県内各地から人の集まる県庁の所在地としては松本の方が適しているようにも思われた。しかし、長野オリンピックの開催を契機に、北陸新幹線により東信地方や首都圏との時間距離が大幅に短縮され、高速自動車道も長野自動車道から中央自動車道へ、上信越自動車道から関越自動車道へと首都圏とは複数の自動車道でつながり、長野市と首都圏や県内各地方との移動は随分と便利になった。

明治三〇年（一八九七年）に市制を施行し、昭和四一年（一九六六年）の大合併を経て、さらに周辺の戸隠村、鬼無里《きなさ》村など四町村を併合して現在の長野市となった。昭和の大合併の際には松本方面への篠ノ井線と現在のしなの鉄道、当時の信越線の分岐点でもある篠ノ井駅を中心とする篠ノ井市も長野市の一部となった。近年の篠ノ井駅の乗降客数は長野県内では長野、松本に次ぐ第三位で、一日一万人弱の乗降客数があるというが、二十数年前、平日の昼間に訪れた時には、駅周辺の歩行者はまばらで閑散としているという印象であった。令和三年秋の夕方、篠ノ井駅で降りてみると、通学生の姿が目立ったがやはり商店街の人通りは多くなかった。

　篠ノ井駅から長野方面に一駅北進すると、長野オリンピック時の選手村があり、以前訪れた折には地域の中でそこだけ電線が地下埋設されるなど少々違和感をもった。選手村はその後どうなったのかと夕方JR今井駅で降りてみた。今は通勤、通学に便利で、静かな低層の集合住宅のニュータウンとなり、約一〇〇〇戸三〇〇〇人の居住者ということだが、ここでもほとんど人と行き交うことはなかった。

　市内中心部にはホテルが林立し、駅前から善光寺参道の仲見世通りに至る中央通りは、車道幅を減じて歩道を拡幅し、大型車など一部自動車の通行を制限することによって、通過車両を抑制するなどの改善が施され、多くの観光客がのんびり歩く姿を目にすることができた。しかし、他方で、新田《しんでん》町周辺のかつて「長野銀座」と呼ばれた地域では百貨店や長崎屋、ダイエーなど大型店の移転、撤退な

かつての選手村は今は集合住宅となっている

どの影響や、中心市街地では、善光寺からほど近い権堂の商店街の消費の低迷が気になる。昭和一一年（一九三六年）に建設された独特の「仏閣型」の長野駅舎が平成八年には駅ビルにリニューアルされ、飲食店や土産物店などが入り以前よりも長野駅の利用客にとって利便性が向上し、賑わいが増したようにも思うが、その反面、「長野らしさ」が薄れたようにも感じ、少しさびしい気もした。

人もまばらな昼間の権堂商店街

JR 長野駅ビル

長野県は、平成二六年から令和元年の六年間の「移住したい県」についての調査で、一位に四回、二位に二回選出されており、長野市も日本全国で人気のある移住先の地方都市といえよう。人気の理由としては、首都圏や中京圏から近いにもかかわらず、自然が豊かであることに加え、すでに移住者も多く、移住に関する情報が豊富で、住居・子育て・就職・創業など、自治体などによる合わせて四〇〇近い移住支援制度があり、年齢層によって異なるニーズに対応した移住支援を受けられることによるようである。それにもかかわらず、市の人口は平成二二年の三八万八五〇〇人をピークに最近の一〇年は減少が続き、令和六年には三六万人余となった。平成一二年以降転出が転入を上回る社会減はわずかであるが、一七年以降、死亡が出生を上回る自然減が大きくなり、令和元年にはその差は一七〇〇人にも達したのである。全国同様、六五歳以上の高齢化も約三〇パーセントになっている。

第二次産業では通信機器や電子回路などの工業が一位、二位を占めるが、それに続くのがみそ製業である。ちなみに東京から北陸新幹線で長野駅手前の裾花《すそばな》川沿いに大きなマルコメみその工場を目にすることができる。商業動向では、平成一三年には約四七五六億円であった小売りの年間販売額は、二三年には三七二〇億円に減少したが、二八年には四六六〇億円まで回復した。小売店舗数も、店舗面積一〇〇〇平米以上の大型店は一〇〇店余を維持しているが、平成一九年には三五二四店であった店舗数は二八年には二六六一店に減少した。観光客で賑わっているようにも見えるが、市の中心市街地はあまり元気ではないように思える。市民が日常品を購入する商業施設も中心市街地から郊外店へと移りつつあるのではなかろうか。

長野市の観光

長野市は西暦六四四年創建といわれる善光寺の門前町であり、その御本尊の一光三尊阿弥陀如来は仏教伝来とともに朝鮮百済《くだら》から日本に伝えられたという。善光寺は、天台宗の大勧進と浄土宗の大本願からなり、それぞれ二十五院、十四坊から成る門前の塔頭《たっちゅう》が護る、二つの宗旨が管理する全国でも珍しい寺である。善光寺正面参道の山門から仁王門の仲見世通りやそれに続く中央通り周辺には宿坊や飲食店、土産物店やミニ歌舞伎座のような北野文芸座もあり、ぶらぶら散歩するのも楽しい。

善光寺と参道、北野文芸座

善光寺の秘仏御本尊と同じ御姿という身代わりの仏様、前立本尊の「御開帳」の時には多くの参拝者で賑わう。平成二一年の五十七日間の「御開帳」の際には六七三万人、二七年には七〇八万人もの参拝客があったという。このように七年毎の開催とされている「御開帳」は実は六年毎に行われている。ここが仏教のわかりにくいところでもあるが、年回法要も一年目の一周忌を除き、三回忌は二年目、七回忌は六年目というように、亡くなった年を一年と数える「数え年」なのである。「七年毎の開催」というのも、この習慣に基づいた数え方なのであろう。本来、令和三年が「御開帳」の年であったが、コロナ禍で一年延期となり、満七年目の令和四年に「御開帳」となった。「御開帳」時には

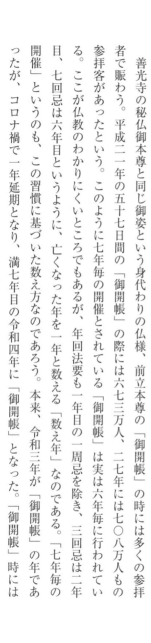

前立本尊の右手中指と「善の綱」で結ばれた高さ十メートルの「回《え》向《こう》柱」が本堂前に建てられ、多くの参拝者が柱と綱を通して御本尊に触れ、その御利益《ごりやく》を授かろうとする。

善光寺に参拝したら、隣接する城山公園内の長野県立美術館を訪れるのもよい。長野県信濃美術館を令和三年に全面改装したものであるが、なかでも東山魁夷画伯から寄贈された絵画を多数収蔵する東山魁夷館の展示は素晴らしい。令和三年秋に訪れた時は東山魁夷コレクション展第Ⅲ期の開催中で、筆者が研究対象の一つとする北ドイツの古都リューベックやその象徴ホルステン門などを描いた「窓明かり」や「霧の町」が特に印象に残った。このほか市内には実業家の水野正幸が集めた横山大観、菱田春草、川合玉堂などの日本画を展示する水野美術館もある。

長野県立美術館

純日本風の玄関口をもつこの美術館は、日本庭園も見ごたえがあるというので行ってみたが、訪ねた折には臨時休館であった。

昭和の大合併により長野市となった城下町松代は、以前には長野電鉄の屋代駅と須坂駅間にあり、JRで屋代駅か長野電鉄で須坂駅を経由して電車で行くことができたが、松代を通る路線は廃線となっており、令和三年には長野駅からバスで出かけた。上杉謙信と武田信玄が戦った川中島古戦場を過ぎ、千曲川を渡ると四十分程で旧松代駅に着いた。江戸時代には真田氏の居城であった松代城跡、元治元年（一八六四年）建設の真田邸や真田家の菩提寺長國寺など松代は、古い家並みの落ち着いた風情があり、散策するにはもってこいのまちである。寺町を歩き、商家の庭を覗いていたら近所にお住いの元校長先生から声をかけていただき、ご自宅でコーヒーまでご馳走になってしまった。松代はそんな気さくなまちでもあった。ほかにも、第二次世界大戦末期に大本営を移転しようとした大地下壕もある。その地下壕には現在高感度地震計が設置され、気象庁松代地震観測所による計測が行われている。蛇足ながら、真田幸村が主人公の平成二八年のNHK大河ドラマ「真田丸」は長野県の観光消費額を一六一億円増やし、全経済効果は二〇〇億円にものぼったという。

長野市と湯田中温泉との間約三十三キロをつなぐ長野電鉄は、観光地への移動手段としても重要であるが、平成二四年まで地方私鉄には珍しく、正面が昔の湘南電車のような二枚窓の長野電鉄独自車両の特急電車が走っており、鉄道大好きの「テツオ君」には人気があったという。その車両の引退後にはかつての小田急電鉄のロマンスカーやJR東日本の成田エクスプレスで使われた車両が特急として運行されており、懐かしさもあり、「テツオ君」でなくとも乗ってみたくなる。長野駅から三駅目の善光寺下まで複線線路が地下を走るというのも、地方私鉄としては珍しい。

その長野電鉄で長野駅から十五分程の朝陽《あさひ》駅近くには、浄土真宗の宗祖親鸞聖人の二十四人の「直弟子」の一人西念によって創建された古刹長命寺があり、三十五年程前に伺ったことがあった。令和三年、久しぶりにお参りさせていただいた。西念により関東で創建された後に故郷長野に移転した寺院で、威風堂々たる本堂と落ち着いた佇まいの境内が印象的であったが、当時のご住職のお話を伺って驚いたのは開基西念のことであった。西念は、寿永元年（一一八二年）の生まれで、親鸞聖人が越後に流罪になった頃「弟子」となり、以後関東にも随行したという。正応三年（一二九〇年）に一〇八歳で亡くなったが、その前年に親鸞聖人の曽孫から長寿を祝してこの寺号を授与されたというのである。この頃の年齢は真実か否か疑問に思われるケースも少なくないが、生きた軌跡から長命の事実が証明されているように思う。長寿県日本一を継続している長野県といえども現在の男性の平均寿命は八〇歳程度というのに、なんと鎌倉時代に一〇八歳というのにはビックリである。

長野市は周辺の観光地への拠点でもあり、長野駅から長野電鉄で三十分余行けば栗のお菓子や北斎館で有名な小布施があり、さらに終点には湯田中温泉など有名な温泉が連なり、その奥にはスキーのメッカ志賀高原もある。市中心部から車で一時間近くはかかるが、夏の避暑やスキーなどで人気がある戸隠高原や戸隠神社など、周辺部に多様な観光資源を有する都市である。

長野の気候は厳しいが、それ

長野を走るかつての小田急ロマンスカー

古刹　長命寺

だけに春は新緑、夏は避暑、秋は紅葉、冬はスキーと、周辺地を含めると、魅力満載の地で、しかも首都圏からの移動も便利である。観光地を巡るだけでなく、こうした自然に触れ、親しむのにも絶好の環境が周辺に満ち溢れているのが長野市なのである。しかし、善光寺「御開帳」の平成二一年には一五五〇万人弱の観光客数を記録したが、以後二六年まで一〇〇〇万人程で推移したし、市内宿泊者数が平成二二年の一八五万人から二六年には二一五万人に増加しているにもかかわらず、観光消費額は四一〇億から四二〇億円程度で変わらず、市内の小売販売額は回復傾向にはあるものの小売店の減少が続くなど、多少の停滞感が感じられる。しかし、来客、宿泊客増に向けた新たな試みも行われている。夜の長い一一月から二月にかけて実施される長野駅から善光寺までの一八〇〇メートルにもおよぶ「善光寺表参道イルミネーション」は、平成三〇年には約一カ月で一四万人余を集めたという。その間十日間の善光寺を光で彩る「長野デザインウイーク」だけでも一四億余円の経済効果があったと試算されている。このイベントの来訪者へのアンケートでは商店街の閉店時間の早さに不満の声も寄せられるなど課題も見え、今後の改善でさらに経済効果は高まるものと期待される。

長野の味

長野といえば信州、信州といえばそばが真っ先に思い浮かぶ。広い信州にあっても戸隠そばは特に有名であるし、旨い。そのそばにかける薬味として、隠れた名品が善光寺門前にはある。八幡屋礒五郎本店の七味唐辛子である。手軽な土産物としても親しまれてきたが、最近では唐辛子に山椒、柚子、紫蘇など七味とミックスしたミニチョコレートのアソートセットや七味マカロンなどのお菓子も新たに登場した。珍しい味のスパイスジェラートは恰好な土産話にはなるのではなかろうか。その他、長野では「おやき」や野沢菜、信州牛、馬刺しなども名物としてあげられる。「おやき」は、厳しい冬に備えて、保存食として考えられた食物であろうが、独特の味を創造したように思う。「おやき」の具材は様々であるが、気候のよい時に収穫した具材を小麦粉の生地の中に閉じ込め、冬の囲炉裏で温めていただく。ポピュラーな具材の野沢菜は漬物を炒めることで保存効果を何倍かにしたようにすら思われるが、これがまた味をまろやかにしてくれて旨い。厳しい気候の中での信州人の知恵が作り上げた傑作といえるのではなかろうか。

野沢温泉村での栽培にルーツをもつ別名信州菜とも呼ばれる野沢菜の漬物は、お酒に手軽なつまみにもいい。ちなみに野沢菜漬は昭和五八年（一九八三年）に、選択無形民俗文化財「信州の味の文化財」に指定されている。もっとも、長野といえども一般家庭に囲炉裏がない今では、多彩な具材の「おやき」が、好みに応じて焼いたり、揚げたり、蒸

八幡屋礒五郎本店と、善光寺門前のそば

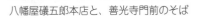

したりして売られているし、食べられてもいる。そうすることで味のヴァリエーションも増したようである。

長野県は内陸の海なし県ではあるが、長野市は県北に位置し、日本海が近いことから容易に新鮮な海の幸がいただける。しかし、せっかく長野まで来たのに海産物というのもどうかと思いつつも、そうはいっても川魚は苦手という人は少なくないのではなかろうか。こんな方にもお薦めなのが、信州でニジマスとブラウントラウトの交配によって生まれ、二十度以下の冷水で育てられた信州サーモンである。オレンジ色に近いサーモンピンクが鮮やかな刺身は、脂がのったまろやかな舌触りで、川魚特有のクセはなく、適度な歯ごたえもあり、日本酒はもちろん白ワインにもよく合いそうである。ホテルで紹介された居酒屋で、これにイワナと白マスの三種盛り合わせの刺身をいただいたが、信州の地酒との味のハーモニーは絶妙であった。

信州サーモンとイワナ、白マス三種盛り合わせ刺身

酒のつまみなら春の山菜、秋のきのこなど季節の味が豊かな地でもある。長野県のきのこというと別所の松茸が真っ先に思い浮かぶが、えのき茸、しめじ、なめこなどのきのこ生産が盛んで生産量日本一であり、それらは一年中食べられる。気温の日較差、年較差が大きい気候の厳しい地であるが、降水量、日照時間にも恵まれ、野菜や果物の栽培に適した自然環境の下で、りんご、桃、梨、ブルーベリーや栗などの多彩な果物も豊富にある。お酒を飲まない人にもバラエティ豊かな産物を提供して

くれる。

信州は酒どころでもある。私事ながら、伊那の「信濃鶴」はよく出かけるお鮨屋さんでいただくが、新鮮なお刺身によく合う。諏訪の「真澄」は家内が大好きなお酒で、最近では成田や羽田の国際線の免税店にあり、外国に出かけた折にはこのお酒を楽しんできた。令和二年二月にワンダーフォーゲル部部長の退任記念品として松本の「大信州」の大吟醸をいただいたが、香りも味も豊潤で、かといってたんぱくな刺身の味を邪魔しない。このように長野県内には魅力的なお酒が多い。しかし、長野市の酒蔵の酒というと、善光寺門前脇のよしのやの「西之門」くらいしか思い浮かばなかった。今回も立ち寄って各種日本酒を利き酒させていただいたが、酒米の異なる大吟醸酒にはそれぞれ個性があってどれも魅力的だった。当然のことながら好みの味の四合瓶を自宅に送った。

長命寺にお参りした折、近くに今井酒造があったので、初めて立ち寄ってみた。ちょうど社長さんがいらしたのでお話を伺うことができた。その場で試飲はできなかったが、新幹線に乗る前に長野駅ビルＭＩＤＯＲＩの二階の「信州くらうど」という県内の日本酒と

酒蔵よしのやと今井酒造

ワインを販売している店で、長野県産美山錦一〇〇％の精米歩合四九％という純米吟醸酒「五岳」を買って帰り、早速味わってみた。吟醸の香りにすっきりした辛口には肴は不要であるとも思ったが、食卓のヒラメの刺身にはよく合った。

長野を出る前のわずかな時間であったが、「信州くらうど」の一角の醗酵バー「醸《かもす》」という立ち飲み店で長野のお酒を味わってみた。日替わりの利き酒セットは気軽に三種の地酒を味わえて好評であるというので、篠ノ井の西飯田酒造の「積善」と佐久、伊那のお酒を飲み比べてみた。どれも旨かったので、そのうち好みの酒を一合いただきたいと思ったが、すでに新幹線の発車時刻が近く断念した。

醗酵バー「醸」

おわりに

長野市は首都圏、中京圏との交通便がよく、自然豊かで人気の移住地であるにもかかわらず、高齢化の進行とともに、わずかに人口は減少傾向にある。美味しい地元食材も豊富で、近隣に温泉地に恵まれているなど外から見ればよさそうに見える環境も、内陸の気候が厳しい立地条件は、いざ住もうとなれば、移住を躊躇させる原因になるのであろう。居住者の減少は市内の消費の低下を招き、市の経済活性化を鈍らせる。こうした環境下では、企業誘致も容易ではないが、信州特有の食品産業が維持成長しており、今後の市の経済発展にも大いに関わるものとして注目したい。

しかし、観光ということなら、市内の善光寺はいうにおよばず、周辺には温泉地が広がり、通常多くの観光地で人出が減少する雪の季節にはスキー場が集客する。名物には信州そばもあれば馬刺しや信州牛、信州サーモン、素朴な「おやき」などのほか、季節毎に春の山菜や夏、秋の果物などの宝庫であるように、長野市はいつ訪れても楽しみの多い都市であり、観光客の繰り返しの来訪が期待できる都市である。すなわち、遠方からの観光客を招致し、その市内での消費を促進できる可能性の大きい都市である。ただ、現状では観光客は善光寺には立ち寄るものの、春は新緑の山々、夏は周辺の高原での避暑、秋は紅葉、冬はスキーを楽しんだ後、宿泊は周辺温泉地などに移動してしまうため、市内の滞在時間は短く、したがって市内の観光消費も多くはならない。

観光客の滞在時間の延長や宿泊客の増加には、冬の善光寺の光の祭典「デザインウィーク」や「表参道イルミネーション」は有効であったが、さらに消費を増やすには、併せて例えば市内の酒蔵を巡るツアーなどの設定や、地酒と市周辺の食材にこだわる長野市独特のディナーの推奨などといった飲食に絡んだもう一手がほしいように思うが、いかがであろうか。

第八章　金沢市

はじめに

金沢は学生時代過ごしたまちであり、私にとっていろいろな思いのあるまちである。

近年では金沢市にはゼミの調査合宿、研究所の調査などでお世話になった。その金沢も北陸新幹線の開通で大きく変化したといわれる。一般的に大きな経済効果をもたらし、金沢経済は活性化したと考えられているが、良いことばかりでもないような気もする。定年前最後の年に北陸史学会での発表のために久しぶりに訪れた金沢の今を、昔過ごした金沢を思い起こしながら考えてみたい。

金沢市という都市

金沢市の中心金沢城は犀川と浅野川に挟まれ、日本海に向けて半島状に張り出した高台の先端に位置する。金沢はもともとは本願寺の尾山御坊の門前町であったが、加賀前田家百万石の居城金沢城を中心に発展した城下町でもある。四〇〇年以上にわたって戦禍、自然災害にも見舞われることなく、古い街並みを残しながら発展してきた。学生時代に、北陸でも福井などで大きな地震を経験しているが、金沢は雪害以外、安全な都市であると聞かされていただけに、令和六年元旦の奥能登の震災はショックであった。地震の第一報を聞いた時、金沢の親戚、友人に電話で問い合わせたが、一様に「経験のない揺れを感じたが、無事である。特に周辺でも被害は見当たらない」という答えであった。まだまだ能登の復興には時間がかかろうが、こうした時こそ住民、ボランティアが知恵と力を合わせ、新たな「まちづくり」、能登地方の再興を実現してほしいと思う。

　金沢は金箔を利用した伝統工芸など、日本の伝統的文化を伝える都市でもある。江戸時代には江戸、大阪、京都に次ぐ大都市であったし、明治時代には東京、仙台、京都に次いで旧制の第四高等学校が設立されてもいるが、平成の大合併期にも合併が成立せず、令和六年の人口は四四万人ほどで、近年では多少減少傾向にある。しかし、白山市、野々市市、かほく市、津幡町、内灘町など周辺市町を含めた商圏人口は七五万人弱、金沢市を中心とした社会経済的につながりをもった地域、都市圏は一〇九万人にもおよぶ。その商圏内の小売業事業所数では約四分の一を金沢市が占めているという。

金沢駅から武蔵が辻への直通道路

　以前学生として生活していたころは、城下の兼坂辻など城下町特有の入り組んだ狭い街路が特徴で、城から周辺の浅野川流域の高台にある若松方面へは直接行けず、小立野まで高台を山手に進み大学病院近くから下らなければ行けなかった。そうした事情は駅から都心の武蔵が辻まで行くにも同様であった。直線で見るとたいした距離ではないのに随分と迂回しなければならなかったが、長い年月をかけて直通道路が完成した。市の拡大に対応して、周辺地域の開発、道路の整備が行われ、また、武蔵が辻に続き香林坊の再開発が行われるなど近代的なまちへと変化してきた。

金沢の変化

金沢で学生生活を送っていた昭和四〇年代当時、金沢は東京から信越線、北陸線経由の特急白山で六時間半くらいはかかったように記憶している。少しお金をかければ東海道新幹線の米原経由が早かったが、四時間半以上要したように思う。その後、上越新幹線の長岡経由でも多少所要時間は短くなり、さらに越後湯沢、ほくほく線経由で時間が短縮された。空路小松空港経由も北陸自動車道の開通で空港と金沢が一時間ほどで結ばれたため、早くはなったが、自宅から羽田までの時間、搭乗までの時間を考えると、結局はそれなりに時間を要した。しかし、平成二七年の北陸新幹線の金沢延伸により東京とは最短二時間半でつながった。

時間距離が短くなることはいろいろな変化を呼び起こす。まずは観光客の増加である。新幹線開業年には観光客数は一〇〇〇万人を突破し、平成二三年には六万人余であった外国人観光客の宿泊者数は平成二九年には四五万人にも達したという。大型のクルーズ船での来訪も平成二〇年には二〇〇〇人程であったが、平成三〇年には四万人まで増加している。観光施設も平成二九年には日本三名園の一つ、兼六園には約二八〇万人、金沢城には約二二六万人の観光客が来訪し、新たな観光スポット金沢21世紀美術館には約二三七万人の入館者があるなど増加した。このように訪れる観光客も増加し、金沢駅の土産物店の販売額は平成三〇年には平成二五年の倍以上に伸びた。金沢市の主要な商店街でも平成二六年から平成三〇年にかけて平日、休日ともに歩行者通行量を維持もしくは増大してもいる。市民の個人所得も平成二九年まで連続して上昇しており、金沢市経済には好材料が揃っているように思える。新幹線開業まで減少し続けていた中心商店街の商品販売額の減少も平成二八年にはほぼ一〇年前の販売額にまで回復した。今後どのくらい伸びるのか期待されるところである。

首都圏を新幹線で早朝に出れば、金沢到着後もタクシーだけでなくまちバスや公共レンタサイクル「まちのり」など移動手段も充実しており、夕方まで観光すれば主な金沢市内の観光は十分できる。日暮前には周辺の温泉地などに観光客は流れてしまうのではないかなどの心配もあった。近年、駅から中心市街地にかけて林立するホテルに驚き、これだけのホテルがやっていけるのかとも思ったが、平成二六年に宿泊者約二五四万人、宿泊施設の稼働率五二パーセントだったのが平成二九年には約三

にし茶屋街

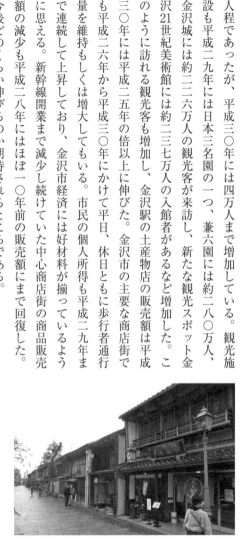

二〇万人、五四パーセントへと増加しているのである。地元の不動産業者の話では、首都圏から来てその日のうちに例えば能登の和倉温泉や、加賀温泉郷の山中、山代まで足を延ばすこともできるようになったが、観光客の行動パターンには金沢市内での一泊が含まれることが多いという。新幹線は首都圏からの観光客が増えるというプラス効果はあるが、宿泊客増という点では課題が残るのではないかと考えていたが、どうもそうではなさそうである。しかし観光客の急増は意外なところに影響が出ているという話を聞いた。例えば東、西の茶屋街付近では観光客に住居を覗かれたり、近江町では人が多すぎ、所構わず写真を撮る観光客が商店側や市民にとっては買い物の障害になったりと、市民生活が脅かされることが観光政策の今後の課題になっているようである。

ビジネスでは首都圏からの出張も日帰りが可能となり、業種によっては支店が不要になることも考えられる。しかも、関西方面から見ると、特急列車が皆金沢止まりのため、高岡市や富山市に出掛けようとすると、金沢での乗り換えが必要となるなどのマイナス効果も生み出していた。北陸新幹線の延伸により現在では敦賀乗り換えに変ったが、その事情は変わらない。

私の学生時代、金沢大学は金沢城址の中にあり、二ノ丸にあった法文学部棟の四階からは、遠く日本海まで見渡せた。小立野という、お城とは名園兼六園を挟んで反対の山側の町に住んでいたので、通学はまだ無料で通行できた兼六園を突っ切って石川門から「登城」していた。蛇足ながら、観光施設ではないが小立野には令和四年に四階まで円形に広がる吹き抜け空間に五〇〇閲覧席を有し、一一〇万冊の書籍を所蔵する県立図書館も建設され話題になっている。

金沢城石川門

長町武家屋敷跡

城内から急坂を市内中心部に向かって下れば、中央公園の先に長町の武家屋敷跡があり、ぶらぶら歩けば時代劇の一シーンに迷い込んだようでさえあった。随分優雅な生活をしていたように思われるかもしれないが、決してそうではなかった。通常大学周辺は学生相手の安価な食堂やコーヒーショップなどがあるものだが、観光地の真ん中ではそうしたものはなく、大学構内の学食を別とすれば、物価は高く、大学が休みとなる日曜日の食事には苦労した。学生を大事にするまちであるとは聞いていたし、事実小立野でお世話になったところでも、その後都心の片町からすぐの十三間町で部屋を借りていた時にも大変よくしていただいた。

しかし、もともとの金沢市民と外部からやってきた人間との間には何か壁があるような気がしたのも事実であった。まず言葉の壁である。といっても方言で通じないということではない。明らかに単語は同じでもアクセントで金沢人と外来者「よそ者」が区別されるのである。雨と飴、橋と箸など同じ音の単語でも微妙に異なる。江戸時代には外様大名の前田家が、幕府の密偵を見分けるための「戦略」だったともいわれるが、真偽のほどはわからない。また、生まれも育ちも金沢であった亡き家内から昔聞いた話では、多少値段が高くとも昔から付き合いのある店で買い物するのが金沢流であるという。商売をするにしても「よそ者」には不利なまちなのである。

金沢の観光

金沢観光といえば、やはり、金沢城と名園兼六園が代表であろう。金沢城には重厚な石川門や武器庫であったといわれる重要文化財の三十間長屋などがあるが、戦前は軍隊の駐留地、戦後は金沢大学の校地となり、平成七年に大学が郊外に移転した後に整備されたものである。向かいの兼六園も素晴らしい。無料で通り抜けができたころには四季の変化とともに変わる美しい兼六園を楽しませてもらった。大学の中では、園内の梅の開花を専攻の研究室対抗で最初に見つけるのを競うなど優雅な世界でもあった。校舎はコンクリートの無粋な建物であったが、今はそれらは取り壊され、天守閣こそないが、城内の雰囲気が再現されている。まちの中心部犀川沿いは、文豪泉鏡花や室生犀星の文学碑などもあり、雨や雪の多い金沢ではあるが、散策するのも楽しい。茶屋街などではなく、ごく普通の住宅街を歩いていてもお琴や三味線の音や、謡が聞こえるのも珍しいことではない。宝生流の能や邦楽の盛んな地でもあり、特有の文化、伝統を有するまちでもある。

観光というなら通称忍者寺とも呼ばれる妙立寺も面白い。前田家の第三代利常が創建した日蓮宗の古刹であるが、寺院内には巧妙に設えられた様々なからくりがあり、訪れた者を感心させ楽しませてくれる。しかしどうしてこのようなものが作られたのか。寺の案内説明では、戦時には軍事拠点となる寺町の中心として建設されたこの寺は、金沢城が落城した際には、君主を匿い、守るための施設であるという。井戸には横穴が掘られており、それは金沢城につながっているともいわれた。しかし、

主計町茶屋街

金沢21世紀美術館

尾山神社

木造の建物であり、一度火をかけられれば、どんな巧妙な仕掛けも役に立たない。とすると、何のために?何か急に襲われた時への対応であるとすれば、非合法の賭場だったのかなどいろいろな想像ができそうである。にし茶屋街も情緒があるが、特にひがし茶屋街や浅野川を挟んで対岸の主計町《かずえまち》の茶屋街は往時の状況をそのまま伝えてくれる。少なくとも昔、一見さん御断りのお茶屋さんに出入りできたのは金沢大学では医学部教授以上であったとの話は、何となく納得できるようにも思った。

兼六園から広坂を下った、以前金沢大学附属小、中学校があった場所にできた金沢21世紀美術館も今では人気の観光スポットである。周辺には四高記念文化交流館や石川県立美術館、金沢能楽美術館、石川県立歴史博物館などの文化施設がある。もともとは県庁を中心とした中心業務地区であったが、平成一一年の県庁移転とともに、県議会、県警本部などが金沢駅西側に移転したことによる市中心部の再開発の成果の一つであった。

他にも市内には尾山神社など多数の観光施設や神社仏閣があるが、それらに関連した大きな祭りは思い浮かばない。金沢の祭りといえば六月の、前田利家の金沢城入城を再現した大名行列が見事な金沢百万石まつりであろうか。平成三〇年には四二万人の参観者があったという。ちなみに利家を主人公とした平成一四年のNHK大河ドラマ「利家とまつ」の放映による観光客増を含めた経済効果は、日銀金沢支店の試算によれば三五五億円にのぼったという。大きな祭りが少ないのに対し、金沢の土産物は、九谷焼、金箔細工や水引細工など伝統工芸品から海産物、お菓子など食品まで品揃えは豊富である。定番の和菓子では森八の長生殿や小出の柴舟などがすぐに頭に浮かぶ。個人的には中田屋のきんつばがお薦めである。あまり甘い和菓子をいただかない筆者も庶民的で控えめなこの甘さならいける。

金沢の味

お茶屋さんはもちろん料亭旅館などは、情緒といい味といい素晴らしいものであろうが、庶民にとっては敷居が高い。にし茶屋街の芸妓さんとの茶屋遊びや加賀料理が気軽に楽しめるイベントが東京銀座の金沢市のアンテナショップ内で催されると聞いて出かけてみた。ただ酒を飲み会話を楽しむだけでなく、「トトンがトン」という芸妓さんの掛け声に合わせて太鼓をたたいたりして茶屋遊びの入り口を束の間味わった。お茶屋さんでこんな時間を楽しんだらまた行きたくなるのは当然だと思った。

近江町市場

観光の際の昼食には近江町市場がお薦めである。昔の市場を囲うように、建物が作られ、特に観光客を意識したズワイガニや甘エビなどの海の幸を提供する店が並ぶ。北陸ではズワイガニの漁期は一一月から三月までに限られるし、甘エビは七月から八月まで休漁であるなど、地物は年中あるものではないが、実際は一年を通して高級魚ノドグロとならび、いつでもメインの味として海鮮丼などに盛られる。学部横断ゼミのサマースクールの際に近江町市場の事務室でそのことについて聞いたことがあったが、明快なこたえはなかった。リピーターを考える時、気候のよい春、秋や夏休みを利用して金沢を訪れた観光客の求めに応じて北陸では漁期外のいわば外から仕入れたエビ、カニを売るのは仕方がないにしても、やはり、「厳しい冬の漁期にはもっと美味しいエビ、カニが食べられるので、また来てください」の一言がほしいと思った。冬なら治部煮も美味しいし、寒い外から店に入っていただく蕪《かぶら》蒸《む》しも心身ともに温めてくれる。金沢の味といえばどうしても日本海の魚介類が頭に浮かぶであろうが、加賀料理には加賀野菜も隠れた主役である。もう少し注目を浴びてもよさそうに思うが、近江町の店でも控えめな存在である。

　客のもてなしには酒宴はつきものであるが、金沢にはもてなしのランクがある。東京で御鮨屋さんでの接待といえば一級の接待であるが、金沢では、最高のもてなしは鮨屋ではなく料亭である。平成一八年に企業研究所の調査で、金沢市中心部からは犀川を挟んで対岸の寺町台にある、宝暦二年（一七五二年）創業の金沢最古の老舗料亭つば甚にうかがったが、入口、玄関から違うのは確かである。城下町の甍を連ねる家並みや医王山《ぜん》が一望できるロケーションも素晴らしい。二〇〇畳敷の大広間も見事である。おもてなしにはただ料理だけではなく、こうしたすべての要素が総合的

料亭つば甚

に作用するものと改めて納得した。

金沢での学生時代には「萬歳楽」や「福正宗」などの普通酒のおかん酒をよく飲んだように記憶しているが、石川県の酒では当時手に入りにくいということもあってか「幻の銘酒」と呼ばれた奥能登の「宗玄」が旨い酒として印象に残っている。もちろん加賀にも多くの有名銘柄があり今では首都圏でも容易に手に入る酒は少なくない。その中でも金沢やその近郊は菊酒の伝統を有する美酒、銘酒の里ともいわれ、「菊姫」や「天狗舞」はその代表格であろう。透明のグラスに注ぐと淡い琥珀色が旨さを強調するかのようで、その芳醇な香りとほどよい酸味と滑らかな舌触りに魅了される。加賀の菊酒の由来は明らかではないが、旨い水、米に恵まれた地で丹精込めて作られた酒ということであろう。しかも金沢には食材の豊かな加賀料理がある。つば甚で、個性豊かな加賀伝統のお酒をイメージしながら日本酒をお願いした。すると女将は、繊細な料理を「邪魔しない」お酒を用意しているといわれた。多くの料理はだしのきいた、しっかりした味なのであるが、関東人にとっては関西の料理よりもさらに味がうすく感じられることが多く、例えば純米大吟醸のような強烈で個性的なお酒は時には料理の「持ち味」を打ち消してしまうからであろう。なるほど、納得である。料理だけでも酒だけでもないその調和が双方を引き立てる。まさに、料理とお酒のハーモニーの重要性を教えていただいた。それほど加賀料理は繊細である。

しかし、由緒ある料亭旅館でそうした料理をいただき宿泊するとなると高額にならざるを得ない。結局、客層は限定的で、発展性に乏しい。当時、宿泊は比較的リーズナブルなホテルとし、料亭旅館では食事だけをいただくというようなシステムが実験的に開始されていた。推測でしかないが、それ以後の市内のシティーホテル、ビジネスホテルの急増からは、様々なバリエーションで楽しむ観光客が増加しているのは事実であるように思われる。

おわりに

金沢は北陸新幹線の開通により、首都圏との時間距離が縮まり、首都圏からの多くの観光客を集め、その消費は地元経済を潤しているはずである。しかし、便利になったがゆえに地方事務所、支店の必要が薄れ、事業所は減少したのかもしれない。中心商店街が観光客対応になればなるほど、地元の消費者は敬遠し大型ショッピングモールなどでの購買に移行したのかもしれない。

金沢には四季の変化があり、それぞれに異なる姿がある。例えば、冬にはズワイガニなど近海の取れたての海の幸の他心身ともに温まる金沢の味をいただける。これをアッピールすれば、夏に訪れた観光客を容易に冬季のリピーターにすることができる。工夫次第ではまだまだその消費を拡大することも可能であろう。金沢はまだまだ伸び代のある都市であるように思う。

そうした発展を決して否定するものではないが、雨や雪が似合い情緒漂う金沢の街が変に近代化し、交通渋滞をはじめ観光客の波に市民生活が悪影響を受けることなどがあれば残念に思う。加賀料理にはお酒とのハーモニーが大切であったように、観光客の増加と市民生活が不協和音を作り出すことなく、ともに喜べる発展につながる施策を模索してほしいと思う。

気候が厳しいことが、地域内住民の助け合いの心を育み、人のつながりを強化したのであろう。金沢では頑固とも思えるほどのそれら市民のまちへの思いが、独特の都市社会、文化を生み育ててきたともいえよう。それは素晴らしいことである反面、外から移り住んでみるとなかなか地域の人たちと馴染みにくいという難点にもつながっているようにも思う。かつて生活してみて、短期の滞在ではわからないもう一つの金沢が見えたような気がしたのは確かである。

第九章　三島市

はじめに

日本ではどこに行っても、海の幸、山の幸の特色ある食材や美味しい郷土料理があり、美味しい日本酒がある。しかし、時折聞かれるのは、最高の食材は魚なら東京築地――これからは豊洲でしょうか――にあり、地方にわざわざ出かけなくても東京で最も美味しい料理は食べられるはずだという話である。そうであろうか。たしかに「金にいとめをつけなければ」そういう理屈も成り立つのかもしれない。流通が改善され品質を落とさず早く生鮮食料品は調達できるのかもしれない。しかし、環境と料理そして酒のハーモニーが五感を刺激するのだと思うのである。冬の雪降る中、囲炉裏を囲んでいただく酒と肴はまた格別のものであることは多くの方々にご理解いただけるように思う。

これまで地方講演会やゼミ合宿で北海道から沖縄まで多くの都市を訪れてきた。学術講演会は千葉や調布、小金井、小平、八王子、中野区、北区など近郊や都内も多かったが、ずいぶん多くの場所を訪れる機会を与えていただいた。特に近年では講演の際にはその都市の事情を調べ、以後の発展に向けた提言をするために、早めに現地に出かけ、実際に足で歩いてきたこともあり、それぞれの都市への思い入れも強かった。

各地での話の前のデータ分析に加え現地を歩いて感じたことは、都市の発展要件は様々あるが、総論として「こうすれば発展できる」ではなく、各都市の個性や条件に合わせてこれからの発展を考えることが重要であるということであった。食と同様、各地の環境は一律ではなく、発展計画にもそれは影響すると思うのである。各地の状況によって何を優先的に行うのかという順序や、限られた予算の中での活性化をどのように行うかは異なることになるのであろう。各都市や各地域別にその方法を現実的に具体的に考える必要があると思うのである。

訪れた地の「旨いもの」を味わい、それとマッチした地酒を飲んだ時その味のハーモニーがそれぞれの都市の個性と関連するものであるように思った。そうであるとすれば、各地の特色ある味は都市の特徴とともに述べられるべきであろう。

ただ、見た目も味も美味しい料理に出合った時には、今時の若者に限らず食べる前にスマートフォンで撮影をするのが当たり前になっているが、筆者には残念ながらその習慣がない。三島については叔母の墓参りの際に写真を撮ってきたが、多くの都市で味わった食に関する文に添える写真がない。かといって、文章でその姿や味を解説できる自信もない。読者それぞれに「検証」していただくのは恐縮ではあるが、もし、興味を持っていただける都市と料理、地酒があったなら、是非出かけて味わってみていただきたい。

本章では、個人的にご縁があるだけでなく学術講演会に伺ってから、二度目の講演そして学部横断ゼミのサマースクールとお世話になった静岡県の三島市について、感じたり、考えたりしたことを書いてみたい。

三島市という都市

少し前置きが長くなってしまった。三島市といえば静岡県の東部、伊豆半島の西の付け根部分に位置し、三嶋大社の門前町であり、宿場町でもある。三嶋大社から伸びる三つの街道沿いにまちは拡大したという。昭和九年に丹那トンネルが開通して東海道線三島駅が開業し、首都圏との時間距離は大きく短縮された。さらに、昭和四十四年には東海道新幹線の三島駅が開業し、東京へは一時間弱となり、中京圏も日帰り圏となった。また、伊豆長岡、修善寺方面への伊豆箱根鉄道の起点でもある交通の要所である。

富士山の裾野に位置し、富士の雄姿が美しく、富士の伏流水や柿田川湧水でも有名で水に恵まれた都市であり、まちの中心の源兵衛川辺には遊歩道が整備されている。ちなみに柿田川湧水には二十五種ほどの絶滅危惧種の魚や植物が生育しているという。駅前には楽寿園という市立の公園がある。少し郊外に足を延ばせば、井上靖文学館や美術館のある自然公園クレマチスの丘もある。平成二七年に完成した全長四〇〇〇メートルの日本一長い歩行者専用つり橋三島スカイウォークからは富士山、駿河湾が一望でき、年間一〇〇万人以上が訪れるという。富士の裾野の火山灰地での野菜も旨いし、水も空気も美味しい。静岡県全体にいえることながら温暖な気候にも恵まれた都市である。近隣には静岡東部の基幹病院である順天堂大学医学部附属静岡病院があり、市内には三つの大学、大学院大学のキャンパスがあり、また、医薬品工業が盛んな工業都市の側面も持つ人口一〇万人余（令和五年）の都市でもある。

沼津市や伊豆の国市という隣接市まで含めた「地域」で見るならば、温暖な気候に加え、食に恵まれ、医療が充実し、しかも首都圏などに比べ生活費が廉価な住みやすく、温泉地もあるポテンシャルの高い「地域」、まちであるといえよう。

三島の味

三島の味といえば、やはりウナギということになろうが、季節によっては狩野川でとれるアユもあれば近隣で収穫された野菜や三島馬鈴薯などを使ったみしまコロッケもある。みしまコロッケは最近の売りであるが、手軽なおやつとしてもいける。しかし、私の場合、近隣の伊豆長岡に叔母がいたこともあって何度も三島で食事をする機会があったが、まずは近隣の沼津へ出て海の幸をいただくか、三島でウナギをいただくかが第一の選択であった。

三島に出かけた折には昼食では多くの場合ウナギを選んだが、今度は店の選択で悩んだ。沼津港近くのうなよしは、鮨かウナギかで迷った結果立ち寄ったウナギ屋である。新鮮な魚の食べられる港近くという立地条件でも繁盛している店はやはり美味しかった。その他にも市内の何カ所かでウナギを食べたが、そして何よりも好みの問題であろうが、私は伊豆箱根鉄道の三島広小路駅近くの老舗桜家の味が気に入った。休日の昼時などは大変な待ち時間になるというが、それも味の良さの証ということになろうか。桜家は昔のたたずまいながら清潔感のある建物にも風格がある。創業以来すでに一六〇年以上であるという。学部横断ゼミのサマースクールのご挨拶に伺った折にも市在住の中大卒業生の方々にご案内いただだいた老舗である。桜家はホックリした脂ののったウナギの舌触りに、見た目よりも穏やかな、しっかりしていながらもったりしないタレの味がいい。しかし、何で三島のウナギはどこの店でもうまいのか。聞くところによれば、三島のウナギは数日の間富士の伏流水に入れ、生臭さ、泥臭さを取り除いたうえで料理されているという。ひと手間かけているのである。今年立ち寄った際にはウナギ一匹のウナ重をいただいた。といっても写真のように重にピッタリはまる二枚である。昼食には高価だが、この味は金額に勝っている。たまの贅沢に力をもらえたようにも思った。

　ウナギとお酒との「関係」といえば、少なくとも昔は、ウナギを割き、そのウナギが焼きあがるまでの間、お酒を

「桜家」のウナ重

ちびちびいただきながら待つというものであったようにも思う。両者のハーモニーとはいえないが、微妙な「粋」が感じられる。暑い時ならビールもいいが、ウナギにはお燗の方が馴染むように思う。冷酒では地元静岡焼津の「磯自慢」もいいし、桜家のメニューにはなかったが、個人的には清水の「臥龍梅」が好きである。ガラスの徳利に入れると明らかに黄色っぽく、いかにも強いお酒の感じがするが、味は穏やかである。静岡の日本酒といわれてもピンとこなかったのは今は昔、旨い酒がある。しかし、ウナギの白焼きならともかくかば焼きに合う酒といわれるとちょっと考えてしまうのは私だけであろうか。料理とお酒のハーモニーはやはり大切に思う。ただ、桜家の場合、伊豆箱根鉄道の駅近くとはいえ、夕食をとり当日東京まで帰るとすれば、三島で新幹線に乗り継がなければならず、昼に車で出かけることが多かった。したがって、お酒とのハーモニーについてはほとんど検証できていない。

老舗「桜家」

個別都市に限らず、都市の発展は市内消費の増加との関連が大きい。市内消費の増加のためには、居住人口を増やすか、近隣からの来訪者を増加させるか、遠方からの観光客の来訪を促すか、ということになろう。そして、それら来訪者の滞在時間を増加させることによって一般的には消費は増加するはずである。

三島の発展を考える

手っ取り早く見えるのは観光であるが、競争は激しい。以前なら観光バスを何台も連ねてやってくる観光客の大広間での大宴会が観光の代名詞のようであったが、今はそれぞれの観光客の来訪目的が特化してきて、例えば釣りがしたいとか、陶芸をしたい、俳句の吟行など様々であり、こうしたニーズにこまめに対応していかなければリピーターは期待できない。三島の場合にも、何よりも美しい富士山を間近で眺められるし、三嶋大社や公園や文学館もある。だが、それだけでは遠方からの集客やリピーターはなかなか難しいようにも思われる。加えてグルメならウナギがあり、富士山麓の野菜があり、美味しい水があり、近隣に海の幸がある。上手に組み合わせができれば来訪者の増加も、リピーターの増加、滞在時間の延長も可能かもしれない。しかし、近隣には宿泊客をもてなすのに適した温泉地などが多く、宿泊を含む長時間の滞在客の獲得は難しいように思われる。とすれば三島市における観光による大きな経済の活性化は難しいということになろうか。

静岡県の西側の市町村は工業化が進展して雇用も多く、まちに活気が感じられる。これに対し伊豆半島や静岡県東部は温泉と観光がメインの産業であるが、景気との関連もあり、必ずしも順調な展開をしているとはいえないように思われる。三島市で話をするためにデータを集めてみると平成七年から二十二年にかけて三島大通り商店街の歩行者通行量は軒並み減少し、しかも平日が休日を上回る通行量に変化していた。これは商店街が広域型から地域型に変化していることを示し、それは周辺部からの集客を減少させていると考えられるのである。周辺部から洋服など買回り品を購入しに集まる人の多い商店街から、地域住民に食料など日常的に必要な品を販売する商店街へと性格をシフトしていると考えられるのである。観光客の長時間滞在の促進とそれによる消費の拡大は難しく、周辺部からの集客も難しいとなると、発想を変えて市経済の活性化には消費分母の増大、すなわち居住者の増加によって消費の増大を考えるというのも有効な気がするのである。

おわりに

自然に恵まれ、気候がよく食べ物が美味しく、首都圏への移動時間も少なく、総体的に三島は恵まれた都市ということができるだろう。観光面でも有利な条件を有し、今後とも多くの観光客を誘致することであろう。しかし、長時間の滞在とそれによりもたらされる消費の拡大は容易ではないというのも現実である。観光での発展を目指すのもよいが、居住者増による発展計画はなお現実的で有望なのではなかろうか。三大居住条件とは、医療が充実していて、買い物が便利、自然環境がよいというのが多くの都市でのアンケート結果である。三島は近隣には首都圏の大学病院の分院があるなど医療は充実しており、居住者の増加を目指すのにもよい条件を備えた都市といえるからである。

人口減少は消費の低迷につながる。若い人を呼び込もうとするなら、今ではリモートの仕事が多くなったとはいえ働く場所が必要であり、企業の誘致が必要となる。しかし、企業誘致は全国の都市が望むことであり、簡単なことではない。それでは企業誘致をしなくても人を呼び込むにはどうしたらよいか。大学の誘致も若い人を呼び込むのにはよかろう。しかし、これもまた新設ということになれば容易ではなかろう。

リタイヤして都心のオフィスに通う必要がなくなったら、どこに住んでも問題はない。それどころか、物価が安く、美味しい食材が豊富な都市なら住みたい人は少なくないはずである。これまで生活してきた所で友人など人間関係に恵まれていると離れがたいという話も聞くが、三島は首都圏在住者なら旧友と交遊するのに不便はない。いつでも好きな時に新幹線で日帰りすればよい。それほど三島は便利でもある。しかも、子育てを終えた夫婦二人が生活するには二ＬＤＫ程度のマンションで十分であろう。その程度の広さであれば三島市の中心部から徒歩圏内でも、首都圏近郊の都心通勤可能な子育てをしてきたマンションの半額程度で手に入るという。不動産を処分すれば余裕ある生活ができる。友人を三島に呼んで一緒にウナギに舌鼓を打つというのもよいのではなかろうか。

第一〇章　掛川市

はじめに

新幹線で関西方面へ出かける時、静岡駅を過ぎしばらく進むと車窓右手の小高い丘の上に掛川城が見えてくる。かなり前からそんな掛川市に寄ってみたいと思っていたが、平成二三年に学部横断ゼミのサマースクールでお邪魔することとなった。その後、二九年に静岡県の浜松市の東側の東遠、すなわち東遠州地域の掛川、御前崎、菊川、牧之原四市の市議会議員の方々の交流フォーラムで「四市の経済の動向と活性化」について講演する機会をいただいた。会場の静岡カントリー浜岡コース＆ホテルは、掛川駅からの公共交通の便も悪く、夕方の時間にどのくらいの議員さんが集まってくださるのか心配したが、御前崎市長の御挨拶から始まった会は満場で、しかも熱心に聞いていただき、質問もいただいた。その折、城下町と宿場町の両側面をもつ掛川市街を散策した。

令和三年の年末に京都での所用を済ませた帰りに掛川で途中下車して、改めてまちを歩き、城、美術館や酒蔵などを巡ってみた。穏やかな気候に美味しい空気、すがすがしい時間を過ごした掛川とその周辺の東遠地域の市について、講演で話した内容を思い出しながら書いてみたい。

掛川市という都市

昭和の大合併を経て平成一七年に大東町、大須賀町と合併して、新生掛川市が誕生した。近年では市の人口は多少減少傾向にあるが、令和五年現在一一万五〇〇〇人余の人口を有する美味しいお茶を産する都市である。温暖な気候と適度な雨量、なだらかな斜面地が多く、お茶の栽培に適した環境であるという。駅から北へ市街地を抜け、茶畑が広がる先の新東名高速道路近くに富士山が一望できる粟ケ岳がある。その山腹にはおよそ九十年前から大文字焼の「大」のように「茶」の文字が松で描かれていたが、マツクイ虫によってその松は枯れ、現在ではヒノキで描かれている。山頂からは駿河湾、富士山を見渡す絶景が楽しめるという。

城下町掛川のシンボル、掛川城は平成六年に復元された小さな城ではあるが、木造三層の真っ白な外観は美しい。復元直後には年間五〇万人弱の観光客が訪れたという。平成一八年のＮＨＫ大河ドラマ「功名が辻」では、内助の功により出世して二四万石の土佐城主となった山内一豊が最初に天守閣を築いた城ということで話題にもなった。さらに、平成二九年には浜松とともに「おんな城主直虎」の舞台ともなったが、その折にも三〇万人以上、現在でも一二万人以上の観光客が訪れる。ただ、城に上る石段が急で、高齢者には「登城」はきつい。城内には掛川藩が公式行事を行い、藩主公邸、藩政の拠点でもあった、十九世紀中頃に再建された国の重要文化財、書院造りの石庭も見事な掛川城御殿がある。城の南東二五〇メートルのところには平成七年に二層式の立派な櫓門《やぐらもん》もでき、まち全体が城下町の風情を醸し出す。掛川は東海道五十三次の品川宿から二十六番目の、江戸と京都のほぼ中間に位置する宿場町でもあるが、市の中心部は城下町の印象の方が強かった。

十年にもおよぶ誘致運動、市民等による三〇億円もの募金によって掛川市には昭和六三年に東海道新幹線の新駅ができ、それまでは首都圏から行くのも中京圏からも静岡あるいは浜松で在来線に乗り換える必要があったが便利になった。政令指定都市静岡、浜松との時間距離も短縮された。ちなみに、

掛川城

城に上る急な石段

二層式の櫓門

掛川駅は浜名湖の北岸を走る第三セクターの天竜浜名湖鉄道の起点でもある。この鉄道沿線には昭和一〇年（一九三五年）から一五年に建設され八十有余年が経過した、昔の映画の一場面に登場しそうな国の有形文化財の駅舎や橋梁などが多く残っている。それらは何となく昔にタイムスリップでもしたかのような懐かしい田舎の原風景を彷彿とさせる。

平成一七年から二六年の掛川市の工業出荷額は減少傾向にあるが、従業者数は二万人以上、その正規雇用者数も一万五〇〇〇人以上を維持している。小売業では売り場面積は減少傾向にあり、事業所数は平成一七年の一一八三から約四〇〇店舗減少した。従業者数も七三〇七人から約二〇〇〇人減少しているが、年間販売額は一一〇〇億円余から一三〇〇億円余に増加している。店舗、従業者数が減っているのに販売額が増えているのは中小小売店の閉店と大型店の進出の結果であろう。市内の歩行者通行量も平成一五年から二〇年にかけて平日、休日ともに減少したものの、二〇年から二九年にかけては増加し、しかもその増加は休日において顕著であった。平成一五年に八〇〇〇人余りであった休日の歩行者は二九年には一万人を超えたのである。これは掛川市の中心商店街の吸引力が増加していることを示している。こうした状況からは、掛川市の消費は維持されているように見える。

一般に都市が発展するとゴミも増加する傾向があるといわれるが、掛川市は人口一〇万人以上五〇万人未満の都市では、一人当たりの一日のゴミ排出量が平成二二年、二三年には日本一、令和元年度も全国二位と少ない、市民のゴミ減量、資源化への意識の高い、環境改善に積極的なまちでもある。

市内には資生堂の工場と企業資料館、昭和五三年（一九七八年）に開設された美術館の資生堂アートハウスがある。美術館には資生堂が文化芸術支援活動の一環として資生堂ギャラリーで展示した梅原龍三郎、横山大観などの絵画、彫刻や、ガラス器、陶器などの工芸品が所蔵されており、平成一四年にリニューアルされた。企業資料館には、明治五年（一八七二年）の創業以来の商品のパッケージや広告などが公開されているという。美術館としては城内に二の丸美術館もある。実業家の木下満男氏が蒐集した江戸、明治、大正の煙草道具などの木下コレクションや鈴木始一氏により寄贈された近代日本画の巨匠横山大観、川合玉堂、前田青邨等の絵画などを所蔵している。掛川市は東京女子医大

モダンな新幹線掛川駅

二の丸美術館

吉岡彌生記念館

の創設者吉岡彌生の生誕地であり、市内とはいえタクシーで三〇〇〇円程と少し距離はあるが、その生家や記念館がある。平成一〇年には立派な掛川キャンパスも開設され、看護学部の一年生が学んでいた。展開次第では経済効果も期待されたが、令和元年に撤退したのは残念であった。

令和三年の年末に訪れた折には、資生堂アートハウスと吉岡彌生記念館は年末の臨時休館、二の丸美術館は市民芸術祭で市出身の木版画家牧野宗則の作品展示はあったが通常展示はされておらず、いずれもパンフレットでしか見ることができなかったのは残念であった。

東遠州地域の都市

東遠州地域は浜松都市圏の東側外郭を成し、掛川小都市圏を成す地域である。JR菊川駅は掛川駅の東隣であり、浜松までJR東海道線で三十分余、静岡とも四十分余と通勤、通学圏内である。この地域では掛川市に次ぐ規模の人口四万七〇〇〇人程の菊川市は自動車産業が盛んな工業都市の一面をもつが、市内には広大な茶畑が広がり、春には黒田家代官屋敷の梅、山城横地城跡の桜も見事な都市である。山門が国の重要文化財に指定されている斉衡二年（八五五年）創建の浄土宗の古刹應聲教《おうしょうきょう》院《いん》もある。余談ながら、応仁元年（一四六七年）に始まる応仁の乱の一因を作ったとされる遠江の守護斯波武衛《ぶえい》義廉《よしかど》の邸宅跡もある。山形城創建の斯波兼頼に触れた時にもそうだったが（四章参照）、同姓というだけで何となく親近感をもってしまう。

菊川市の東隣に位置し、ほぼ同規模の約四万五〇〇〇人を有する牧之原市も茶畑が印象的な都市であるが、明治初年（一八六八年）から昭和三〇年（一九五五年）まで良質な石油を産出した、明治の近代工業化の産業遺産ともいうべき相良油田抗を中心とした公園や資料館がある。平成二一年には島田市と隣接した新幹線のトンネルの上に富士山静岡空港もでき、羽田空港とも中部国際空港とも離れている静岡県民の空路利用の不便さも解消された。令和元年に生誕三〇〇年を迎えた田沼意次《おきつぐ》が治めた地域でもある。歴史的に見て老中田沼意次というと「賄賂《わいろ》政治」などあまり良いイメージをもたれていないが、最近では、商人等への課税を通じて貨幣経済の進展を計り江戸幕府の財政再建を計ったとの再評価もされており、特に地元では街道、港のインフラ整備や、製塩、養蚕などの産業振興に努めた名君であったともいわれる。掛川市とこれら二都市は何といってもお茶の生産が特徴的な都市である。

また菊川市の南隣の人口三万一〇〇〇人程の御前崎市は灯台と浜岡砂丘、浜岡原発がある都市である。平成二二年までの三十年間の年平均日照時間は二二三〇・六時間と日本一の長さで、天候に恵まれた都市である。御前崎灯台は日本の灯台五〇選にも選ばれ、昔、佐田啓二、高峰秀子主演の映画「喜びも悲しみも幾年月」の舞台、ロケ地にもなった。美味しい名産品としては遠州夢咲牛があるが、最近、市内の静岡県温水利用研究センターで幻の魚といわれた高級魚クエの完全養殖に成功し、市の名物となっているという。蛇足ながら、以前御前崎市に出かけた折、御前崎港に水揚げされる一本釣りのサワラを「引き縄釣りのサワラ」と呼び、昔から地元ではその刺身の味の評価は極めて高かったと聞いた。最近、一一月から二月の産卵前の時期に水揚げされ、船上で血抜きをした傷のない脂肪量一〇パーセントを超えた脂ののった二・五から四キログラムのものに限って「波乗りサワラ」としてブランド化したという。その炙《あぶ》りたたきの刺身は食感、香ばしさともに絶品といわれており、是非とも食べてみたいと思ってはいたが、残念ながら、令和三年末にも実現できなかった。

近年の地域経済の動向では、東遠州地域の都市の中では掛川市の経済が安定しているのが目立つ。商工業で見ると、他の市の中では平成一七年には、牧之原市が掛川市に次ぐ数字を示していたが、平成二九年には特に小売業の販売額で御前崎、菊川市よりも少なくなるなど、減少が著しいのが気になる。四市を合わせた年間小売販売額も減少傾向にある。とはいえ、東遠州地域の四市の人口合計は約二五万人にも及び、小さいながらも静岡県西部では浜松市に次ぐ商業圏を有する地域である。それぞれの市が独特の魅力、特徴を生かし協力し合えば、地域の総合力は決して小さくはないように思われる。

掛川の味

掛川の味といえば、まずお茶であろう。お茶は悪玉コレステロールの減少やダイエット効果もあり、生活習慣病の予防にもなるという。掛川茶は通常の煎茶に比べ二倍から三倍の蒸し時間で、濃厚で甘いコクのあるお茶である。健康に良くておいしいお茶なら、是非飲んでみたいと思ったが、ゼミのサマースクール当時には、すぐにそれをいただける店が見つからなかった。掛川茶のペットボトルもあると聞いたが、自販機ではすぐに見つけることができなかった。令和三年末に訪れてみると、それらは改善され、自販機には掛川茶店組合とJA掛川のペットボトルのお茶があった。御城近くでお茶をいただくこともできた。しかし、お茶といえばお茶菓子がつきものであり、お茶と和菓子が作り出すハーモニーが大事と思ったが、掛川ではどのような和菓子があるのであろうか、即座には思い浮かばない。遠州横須賀の「愛宕下羊羹《あたごしたようかん》」や二〇〇年の伝統をもつ掛川宿もちやの「振袖餅」などが有名らしいが、市民が自信をもって推奨できるようなお茶と合う和菓子も併せて外部発信してはどうだろうか。掛川にしかない独自の美味しい和菓子なら、土産物としても喜ばれるように思う。こんなことを考えていた時、令和四年一月に藤井聡太四冠（当時）が最年少で五冠となるのか注目の将棋の王将戦の第一局が掛川城の二の丸茶室で渡辺明三冠（当時）との間で行われ、その際藤井四冠が選んだおやつが市内兎月堂の和菓子「ふくうめ」とJA掛川、掛川グランドホテル共同開発の「CHABATAKEケーキ」と報じられた。後者はコーヒー、紅茶に合いそうだが、明らかに前者はお茶のお菓子である。甘党ではない筆者の認識不足であったようである。ちなみに、掛川市は、平成二二年に将棋の王将戦の会場となって以来十五年連続で会場となり、「将棋のまち」とも呼ばれている。

ゼミの掛川サマースクールの際には、市内中心部の居酒屋で

土井酒造

恒例の「反省会」を行った。特に静岡、掛川の郷土料理ではなかったように思うが、日本酒に合う料理であったことを記憶している。お酒は、静岡清水の「臥龍梅《がりゅうばい》」をいただいた。その折、ゼミ生の一人が「日本酒がこんなに美味しいものだとは知らなかった」とつぶやいたのを思い出す。最近その「臥龍梅」の純米吟醸「誉富士」が我が家近くのスーパーで買えたので味わってみると、やはりさわやかな口あたりであった。合宿の折には飲むことができなかったが、掛川には創業明治五年（一八七二年）という土井酒造の能登杜氏が作った傑作として知られる「開運」や、遠州山中酒造の「葵天下」という地酒がある。都心に出た帰りによく立ち寄る目黒駅前で開店して九十年という花見鮨で、たまたま「開運」をいただく機会に恵まれた。さらりとした飲み口は新鮮な白身魚の刺身など繊細な味の邪魔をせず、舌の上に見事な和音が響いた。私が掛川に出かける二カ月程前にその純米酒がスペインの国際酒類コンテストの日本酒部門で最高賞を受賞したと新聞記事で知り、吉岡彌生記念館への途中にある土井酒造に寄ってみた。当然のことながら、受賞した「開運」の純米「誉富士」は売り切れていたが、わずかに残っていた「純米ひやおろし」を買って帰った。さすが、地元の酒米高天神五百万石と高天神城の伏流水で仕込んだ生粋の銘酒は旨い。たまたま友人持参の富山の紅ズワイガニを肴にいただい

開運　純米ひやおろし

たが、穏やかな味はカニの味も引き立ててくれたようにも思えた。次には御前崎の「波乗りサワラ」を肴にいただいてみたいと思った。

前章でも書いたが、静岡県内には意外にといっては失礼かもしれないが、美味しいお酒が多いように思う。ゼミ合宿の折には残念ながらいただかなかったが、焼津市の「磯自慢」は今や美味しいお酒ということで東京でも名が知られるようになった。藤枝の「喜久酔」純米吟醸酒が近くの酒店にあったので飲んでみた。すっきりした飲み口がさわやかであった。

こうした銘酒をクエの刺身の薄造りといただけたらとも思うし、冬なら仲間とクエの鍋を囲むのも楽しそうである。掛川の自然薯を「サバだし」のみそ仕立てでいただく「いも汁」も掛川の銘酒とともにいただいてみたい一品の一つである。そしてしめは浜名湖が近い掛川ではやはりウナギであろうか。

おわりに

掛川市は新幹線の新駅ができ、首都圏や中京圏との交通上の利便性を増すことができた。ＮＨＫの大河ドラマ効果もあって、観光客も増加し、中心市街地の求心性も増している。来訪者にとって健康に良く美味しいご当地のお茶は是非いただきたいものであろう。その際、誰しもがお茶に合うお茶菓子があればと思うのではなかろうか。お茶とお菓子のハーモニーがひと時の安らぎを与えるとともにそれぞれの味を引き立ててくれるように思えるのである。お茶に合う和菓子と出会えば、土産物にもしたくなる。さらに消費の拡大につながるはずである。お茶だけでなくもう少し消費拡大の促進を意識した商品開発などに積極的であってもよいようにも思う。コーヒー以上に市内で茶菓を気軽に楽しめる喫茶店があってもよいようにも思う。日本酒党には御前崎港に揚がる「波乗りサワラ」や養殖に成功したクエのような美味しい魚に旨い地酒は、何よりのもてなしとして、外来者の滞在時間の延長や宿泊者の増大にもつながるかもしれない。

掛川市も魅力的な都市だが、その周辺にはそれぞれ独自の魅力のある都市がある。しかし、単独では、遠方からの観光客を呼ぶことも、ある程度の時間の滞在と消費の実現も難しいと思うからかもしれないが、各市の外部への広報、宣伝は皆控えめであるように思う。各都市が自慢の歴史的文化財や景色、郷土の味など市独自の魅力を持ち寄り、知恵を出し合い、力を合わせ協力して遠方、近隣からの来訪に向けた外部発信をし、来街者にはどれだけそれぞれの都市における滞在時間を延ばすかを競い合う、協と競、二つの「きょう」で地域を盛りたててほしいと思う。

気候が良くて素朴な土地柄、首都圏にも中京圏にも移動は便利で、近隣には静岡、浜松という大都市にも恵まれた掛川は、実は癌による死亡率が男女ともに日本一低い都市でもある。癌死亡率の低い都市十傑の中に静岡県内の茶どころ藤枝、磐田、浜松が入っていることから、お茶との関連が推測されており、このような特色をもつ都市であることをもっと積極的に外部発信しても良いように思う。そうすれば掛川茶をはじめ静岡茶の販売促進にもつながるし、もう少し移住者が増加するようにも思うが、いかがであろうか。

第一章　奈良市

はじめに

定年退職前年度の平成三〇年の夏にゼミの三年生が選んだ奈良市で最後のゼミの調査合宿を行った。市役所の観光経済部産業政策課のお二方と中心市街地活性化協議会事務局長がお忙しい中、市の現状全般についてデータを交え丁寧に説明し、ゼミ生の質問に答えてくださった。

関西に出かけた折、何度となく観光では奈良を訪れていたが、奈良市の商店街を歩き、中心市街地の様子を見ることは少なかった。しかし、調査のために学生とともに奈良を訪れ、ゆっくりと中心市街地、商店街を歩き、周辺の観光地を巡ってみると、それまでの印象とは異なる奈良市の姿が見えてきたように思えた。観光客でごったがえす中心市街地を見ながら、市民生活への影響が気になった。観光客が増加しているにもかかわらず、宿泊客数はきわめて少なく、おそらくは観光客数の割には市内消費が増えていないのではないかなど、奈良市にはいろいろ課題があることも見えてきた。令和二年九月に所用で関西に出かけた際少し足を延ばして、奈良に立ち寄ってみた。その折に感じたこと、これまで何度かの奈良旅行で感じたことなどを書いてみたい。

奈良市という都市

奈良市は、市制一〇〇周年の平成一〇年に「古都奈良の文化財」として東大寺や春日大社を含む八遺産群がユネスコの世界遺産に登録された。また、平成一四年に中核都市へと移行し、一七年に月ヶ瀬村、都祁《つげ》村を合併して人口は頂点に達した。しかし、平成二二年と二五年に一時転入と転出がほぼ同数となったものの、以後継続して転出が転入を上回っている。少子高齢化は全国同様で死亡が出生を上回る自然減もあり、わずかに人口は減少し、令和二年の人口は三五万五〇〇〇人程である。

奈良市というと平成二二年には平城遷都一三〇〇年をむかえた古都であり、観光が真っ先に頭に浮かぶが、大都市、大阪、京都へは一時間以内という立地条件にあり、医師や病院数が多いなど医療環境も充実した都市でもある。大阪方面へ近鉄線で奈良駅から四駅西に行くと学園前駅があるが、ここからは約三十分で大阪難波駅まで行けることから帝塚山学園を中心として高級住宅地が形成されており、奈良市が優良な住宅都市としての側面をもつことを示してくれる。昼夜間人口比は平成七年の九〇パーセントから二七年には九五パーセントとなったが、市外・県外への通勤通学者が多く、昼間人口より常住人口の方が多い都市でもある。これは住みやすいこともあろうが、大企業が少なく、近年では第二次産業の後退、小売り店舗の減少など雇用が限定されていることによるのであろう。奈良県は有力な人材を内外に多く出しているといわれるが、県外就職率が高いのも奈良県の特徴である。

ＪＲの奈良駅前にも、近鉄の奈良駅前にも商店街はあるが百貨店はない。近鉄奈良駅から二駅目の大和西大寺駅は大阪、京都、橿原神宮への分岐駅であるが、駅前に近鉄百貨店とイオンスタイル奈良がある。すなわち、市の中心商店街と大型百貨店が分離して立地しているのである。中心商店街と百貨店が相互に協力し合って市民や周辺住民を集め、消費の拡大をはかるという多くの都市での取り組みは奈良では難しい。

市内の中心市街地では歩行者通行量は維持されているものの、平日の歩行者数がほぼ休日に追いつき、いわば求心力が低下しつつあるように見られる。観光客数が確実に増加しているにもかかわらず、歩行者通行量が増えていないのは、事実上の買い物客の来訪の減少を意味するものであろう。平成二八年の市民アンケートでは八七パーセントを超える市民が奈良市は住みやすいと回答しているが、多くの市民は商店街で買い物せず、かなりの市民が通常の日常生活に必要な品をスーパーマーケットや大型店で買い、衣料など買い回り品では一〇パーセント余が大阪、京都で購入しているという。

市の小売商品の年間販売額は、平成

近鉄奈良駅

大和西大寺駅のイオンスタイル奈良

一一年を頂点に以後減少し、二六年には約三一七〇億円程度にまで減少している。平成一九年には二七〇〇余あった店舗数も二六年には一七四〇店に減少し、従業者数も約六〇〇〇人減の一万五六〇八人となった。しかし、従業者一人当たりの売上高は一二パーセント増の二一六万円となり、奈良市では零細小売業の衰退の中で効率的な商売が進展しているようである。ちなみに、従業員数五〇人以上一〇〇人未満の一店、一〇〇人以上の四店の大型店五店で、四一九億円、市全体の一三パーセントを売上げている。

このような商店街離れへの危機感から、近鉄奈良駅近くのもちいどのセンター街では、商店街全体の活性化に向けた「もちいどの夢CUBE」チャレンジショップを展開している。小さく仕切られた空間の中でユニークな品ぞろえの店が並ぶ。チャレンジした「卒業生」の中からは、商店街の空き店舗を利用した商売に至ったケースもあり、これからが楽しみである。今では珍しくないが、わずかなスペースでのチャレンジショップや、さらに、ショウケース一つ、棚一段を借り、そこに思い思いの商品を並べ販売する試みなど奈良市の中心商店街での取り組みには面白いものがあった。

もちいどのセンター街と「もちいどの夢 CUBE」チャレンジショップ

奈良の観光

奈良市は首都圏の鎌倉と同様に古都であり、しかも大阪、京都から近いことから、大量の観光客が特に祝祭日に集中している点でも同様である。平城遷都一三〇〇年で大幅に観光客を増やしたが、翌年の東日本大震災で急減した。しかし、以後毎年観光客数は増加を続け、平成二九年には年間一六〇〇万人を上回った。外国人観光客の増加も著しい。ただ、来客のうち宿泊者数は五分の一にすぎない。大阪、京都から近く、他方で宿泊施設が少ないことによるのであろう。

その観光客は近鉄奈良駅やＪＲ奈良駅で下車し、華厳宗の大本山東大寺の大仏殿、法相宗の五重塔が見事な大本山興福寺、春日大社や多くの鹿がいる奈良公園など市の中心部に集中する。ちなみに、華厳宗、法相宗といっても現代人にはあまり馴染みのない宗旨であろうが、奈良時代に栄えた六つの仏教宗旨であり、それらは南都六宗と呼ばれている。こうした神社仏閣だけでなく、奈良の仏像との出会いだけでも、奈良に人が集まるのは理解できる。中でも興福寺の国宝阿修羅像は素晴らしい。蛇足ではあるが、仏像は木造ばかりではない。興福寺の阿修羅像は飛鳥時代後期に唐からもたらされた乾漆造りである。乾漆造りは麻布を高価な漆ではり重ねて造られ、軽くて強靭なのが特徴であるという。他方、日本最古の仏像といわれる奈良の飛鳥寺の釈迦如来座像は鋳型にとかした銅を流し込んで造られている。その他にも粘土を使った塑像もあるが、造りやすいが、重く運びにくいという難点がある。木造の仏も、古くは仏は木に宿るという考えから一木《いちぼく》造りが主流であったが、平安時代後期には造仏の功徳が広まり、需要の増大とともに寄木造りの仏像が量産されたという。

神社仏閣以外にも市内中心部近くには、奈良国立博物館があり、その所蔵の仏教美術は素晴らしい。海運業を営んだ中村家三代が収集した美術品を展示する寧楽美術館もある。その所蔵品もさることながら、池泉回遊式庭園の依水園も見事である。その他にも奈良というと法隆寺、唐招提寺や薬師寺といった寺院がイメージされるが、聖徳太子建立の法隆寺は奈良市に隣接する斑鳩町にあり、JR奈良駅からは関西本線で大和郡山を越えたところにあるし、唐招提寺や薬師寺は奈良市内ではあるが近鉄線の西ノ京駅が最寄り駅で市の中心部からは離れている。

東大寺二月堂の修二会、お水取りや若草山の野焼き、八月上旬の市内に一万本以上のろうそくの灯がともされる燈花会など季節の祭りは、毎年奈良に多くの観光客を集めるが、奈良公園で近年開催されている奈良の食材を使用した食の祭典「奈良シェフェスタ」も面白い。また、奈良漬と大和野菜など奈良特有の食材を生かした食べ物の開発で地産地消、地域活性化を目指す「奈良女子大学・奈良の食プロジェクト」のグループが作り出した肉まん「ならじまん」はなかなか好評であるという。例えば「いぶりがっこ」とマスカルポーネチーズが絶妙のコラボレーションを作り出し、日本酒やワインのつまみとしてヒットしたように、地元食材と意外な物の組み合わせなど今後の展開が楽しみである。

奈良の観光土産としては何があるのであろうか。どうしても真っ先に奈良漬が頭に浮かぶが、土産物店で気楽に買えて、これこそが奈良の土産というものが他には見当たらないのである。そんな状況を打開する一つの試みとして、平成一三年から始まった奈良女子大学の教員、学生による「奈良漬プロジェクト」では、奈良漬が散りばめられたカステラ、「奈良かすていら」や「奈良漬サブレ」などが開発された。食べたことはないが、ドライフルーツのような食感とほのかな奈良漬の香りが楽しめるという。この新たなスウィーツは早速商品化されたという。

奈良の味

奈良の味といえば、手間暇をしっかりかけた奈良漬はやはり美しいし旨い。中心市街地の奈良漬屋さん今西本店で出来上がるまでの丁寧な説明を聞き買って帰った奈良漬は確かに旨かった。清酒発祥の地といわれる奈良の酒にも合いそうである。しかし、お酒を飲む、食事をする際にどんなに旨い奈良漬でも、それだけではさびしい。奈良漬はそれ単独で旨いのだが、酒や他の料理を引き立ててもくれる、そんな存在に思えるのである。例えば、うな重には奈良漬がよく合うと思うのは私だけだろうか。

余談ながら、下戸が奈良漬で酔っぱらったという話をよく耳にする。一滴もお酒の飲めなかった筆者の祖父が奈良漬を食べて真っ赤な顔になったのを思い出した。奈良漬は日本酒を絞った後に残る酒粕で漬け込んだ漬物であるから当然アルコールは含まれる。五パーセント程度というが、それはビールに匹敵する。となると、素直に考えるならば、車を運転する前には奈良漬は食べてはいけないのではないかとの疑問が生じたが、調べてみると、何十切れも食べなければ酒気帯び運転にはならないらしいとわかって何となくほっとした。

私にとってアルコールといえば、なんといっても地酒が気になる。奈良で日本酒というとまず思い浮かぶのは今西清兵衛商店の「春鹿」であろうか。店は、格子戸や土塀が目立つ落ち着いた家並みの「ならまち」近くにある。そぞろ歩きを楽しんで、格子戸の素敵な酒蔵を訪ねるのもよいのではなかろうか。酒蔵では各種の「春鹿」が試飲できる。訪ねた折たまたま社長とお話しできた。「東京では千歳烏山に住み、その時には中央大学の野球部員にアルバイトをしてもらった」とのお話を伺い、私の住まいの隣駅に住み、中大とも縁があるとのことで親近感を感じ、不躾にも「春鹿」に合う郷土料理は?と聞いてしまった。大和野菜を口にされたが、相性のよい料理はお酒それぞれのもつ個性によって異なるようである。酒米から杜氏まで異なるお酒を試飲してみれば、お酒によって相性が異なるのは当然であるとも思った。いや、「春鹿」は肴との相性を考えるというよりも、単独での味を楽しむお酒であるのかもしれない。そんなことが頭をよぎり、思わず、酒蔵まつり限定酒など各種四合瓶を四本自宅に送ってしまった。そのうち涼しい酒蔵で暑い夏を越し熟成したひやおろし純米吟醸は吟醸の甘さの中に程よい酸味のバランスのとれたしっかりした味という印象であった。

ならまち近くの今西清兵衛商店では
「春鹿」を試飲できた

お酒だけで肴は不要とも感じたが、浅じめのサバにはよく合った。平成三〇年と令和元年醸造の「氣望」という名の純米吟醸酒は、杜氏も異なれば、酒米も雄町と五百万石と異なる。この二種を飲み比べてみると、緑のビンの元年の方は、煮物などに負けない吟醸の香りが特徴的であったが、茶色のビンの前者は、それに比べれば穏やかに感じられた。しかし、飲むうちにしっかりしているのにくどくない味に魅了された。ヒラメなど淡白な白身魚の刺身に合いそうな気がした。

奈良市内では、豊澤酒造の「豊祝」が近鉄奈良駅や大和西大寺駅の構内にある直営の立ち飲み所で気軽にいただける。さすが、日本酒発祥の地奈良である。しかも安い。例えば純米吟醸の「無上盃」一杯につまみ三品付きで六〇〇円、生ビールか普通酒におつまみ四品で五〇〇円である。他にも県内には「八咫烏《やたがらす》」や「風の森」などの有名な日本酒がある。たまたま我が家の近くの和食居酒屋で奈良県産の酒米秋津穂の精米歩合六五パーセントの無濾過無加水の「風の森」を飲む機会に恵まれた。ピリッと辛口の飲み口が昆布じめのタイによく合った。奈良にはこのように旨い日本酒があるのである。

ゼミ合宿の際、奈良在住の高校以来の友人夫妻と久しぶりに会い、近鉄奈良駅の最上階にある中華料理屋で昼食をいただいた。若草山が眼前に広がり、ロケーションは抜群で、懐かしい友人夫

駅構内にある豊祝直営の立ち飲み所

妻との楽しい会話が加わって美味しく、楽しい時間を過ごした。こうした環境が食事の味を引き立てるものであることを実感した。これに、奈良ならではの料理が加われば、至福の時になったであろう。しかし、奈良の郷土の味には何があるであろうか。その代表といえば柿の葉寿司ということになるのであろうか。もともと海に面していない奈良には、サバやサケ、小ダイなど海の魚は塩でしめられた状態で届けられた。それを一口大の酢飯にのせ、さらに殺菌効果があるとされる柿の葉にくるんだ押し寿司である。移動中の列車や車の中でも手軽に食べられ便利であり美味しいが、私には昼食のイメージで夕食には物足りないように思えた。

奈良には鎌倉時代からの伝統的黒毛和牛、大和牛がある。心臓病や高血圧の予防にもなるオレイン酸を豊富に含む肉質は舌の上でとろける。肉だけではない。大和野菜にも多様な物がある。とは書いたものの、大和牛に関してはしっかりとした記憶があるのだが大和野菜についての記憶は大和芋を除き、自信がなかった。しかし、ネットで見ているうちに記憶が戻ってきた。例えば、結構な長さの大和三尺キュウリは苦みが少なくポリポリとした食感がなんとも心地よかったこと、肉質のきめ細かな

大和野菜の料理

大和丸ナスは田楽が旨かったことなどを思い出した。その折、どうしてこうした素晴らしい食材があるのに、それらを使った奈良市ならではの外部発信できるような料理が提案されてこなかったのか不思議な気がしたのは事実である。しかし、これは筆者の認識不足によるものらしいとわかった。後日、家内が奈良でいただいた大和野菜の料理は、野菜ごとに様々に手の加えられた見た目も美しく、繊細な味が見事で美味しかったと聞かされたのである。

以前訪れた折にいただいた奈良の茶粥は、塩と茶の香りの粘りが無くさらっとしたお粥であったという印象がある。美味しかったが、私が京都でよく訪れるお店の朝粥には奈良の吉野葛をかけていただくことを思い出し、何かとり合わせの矛盾のようなものを感じた。同時に、粥というと京都ならずとも朝食にはピッタリだが、それを食べるために出かけるリピーターにはなれそうもないとも思った。

おわりに

奈良市はなんといっても古都の魅力に満ちている。市内には観光客を魅了する観光施設は多いし、観光面では好材料が揃っているようにも思えるが、中心地の限られた地域だけに観光客は集中している。周辺観光地に観光客の回遊性を生み出すことをもう少し積極的に進めるべきであるように思う。多くの観光客が訪れている割には市内への宿泊が少ないのも観光消費を伸ばすことのできない原因であろう。しかし、市内中心部に大きな宿泊施設を造ることは難しいであろうから、中心部に集中する観光客の周辺観光地や施設への回遊性を促進し、そのアクセスを考えた立地の宿泊施設を誘致するのも一案ではなかろうか。

夕食に郷土の味をと考えると即座には思い浮かばなかったが、大和野菜の料理は今後奈良の味の一つとして定着していくかもしれない。土産物も奈良漬を除けばこれというものが見当たらないように思ったが、市民や地元大学生による地元食材を生かした想定外の新「名物」が生まれるかもしれない。

観光についての問題点の解消とともに、市内経済の活性化に欠かせないのは、市民や周辺住民の日常生活における消費の増加であろう。しかし、市の経済基盤となる市民の人口が減少しているのも気がかりである。それは中心商店街での生活物資の購買など基礎的な消費の低下をもたらす。奈良市は大阪、京都という大都市への交通アクセスのよい高級住宅地という側面を有する都市ではあるが、人口増による市民消費の増加を目指すのはたやすいことではない。しかも、大都市圏に近いことが高級衣料品など買い回り品の購入を大都市に流出させているというのも事実である。難しいものである。

近年では隣接して市から一〇キロメートル圏内に関西文化学術研究都市、愛称けいはんな学研都市が創設され、電車では不便であったアクセスもJR奈良線の祝園《ほうその》駅や近鉄京都線新祝園駅に加え、近鉄線が生駒から学研奈良登美ヶ丘駅まで延伸し、学研都市の中核施設へは多少距離はあるものの改善されている。そこで働く研究者や職員は一万人にものぼり、奈良市がそれら就業者に優良な居住空間を提供できる可能性も増している。こうした身近な人たちへの転居の働きかけも意外に効果があるのではなかろうか。いずれにしても、居住者増に向けた積極的な施策が必要であろう。

古都奈良は観光都市としてのイメージが強いが、大都市に近く、文化の香り高く、落ち着いたまちである。のんびりと暮らすには最適なまちであるように思う。まずは、観光客誘致だけでなく、緑の多い閑静な住宅地としての魅力を関西、特に大阪に発信し、定住も呼びかけてみてはどうかと思う。申し分のない環境に加え、新鮮で美味しい大和野菜などの食材を使用した地元の味でのおもてなしの展開が加われば、観光客のリピーターを招き、さらに転入者の増加を加速することもできるようにも思う。

奈良市が地域の中心都市として成長すれば、ただ外部に優良な人材を供給するだけでなく、間違いなく優良な人材を引き寄せ、集めることのできる都市になれると思うが、いかがであろうか。

第一二章　和歌山市

はじめに

和歌山市は紀州徳川家の城下町であり、八代将軍吉宗公の出身地でもある。そんな和歌山市で平成二四年に中央大学の学術講演会が開かれることとなり、最初の講師に光栄にも選んでいただいた。和歌山県へは恩師が大学退職後南海高野線の沿線に居住されていた関係もあり、お伺いした折に高野山に何度となく足を運んだ。ただ、和歌山県とはいえだいぶ方向が違う。熊野古道に出かけた折にも和歌山駅は通ったが通過したにすぎない。白浜温泉に出かけた際には、和歌山城を見学したり、紀三井寺に寄ったりはしたが、市内に宿泊したのは講演に出かけた際が最初であった。私のように観光客といえども

ぶらくり丁

宿泊しない。これでは外来者の消費による市内経済の活性化はかなり難しい。とりあえず講演会の話の内容は、データから見た和歌山市の現状分析と課題など事前に用意してはいたが、少し市内を歩いて肌で市内の状況を感じてみようと講演会前日に市に入った。市の中心のぶらくり丁を昼間歩いて見ると閑散としており活気がない。どうしたものかと思案しながら市内を散策して感じたことを、それまでに考えていたことと併せて講演会では話をさせていただいた。その話を私流に少し進めて和歌山市の現在、これからについて考えてみたい。

和歌山市の特色

紀ノ川河口に位置し、大阪府とも接する和歌山市は、気候温暖にして梅干やみかんはもちろん魚も酒も美味しい、食材が豊富なまちである。関西の物価はおそらくは京都が高く、大阪はそれに比べれば安く、和歌山はそれよりも安いという。中心市街地には七つの公園を有する良好な住環境の都市でもある。大都市大阪からはＪＲでも南海線でも一時間余、東京から新幹線で出かけても新大阪で乗り継ぎの特急に乗れば三時間半余で着く。美味しくて物価は安く住みやすく、便利な都市である。ＪＲの和歌山駅と南海線の和歌山市駅とにはさまれたコンパクトシティの要素ももつ。しかも市内における平成二年から一六年の地価を見ると約三分の一にまで下がっているところもある。すなわち和歌山市内では、土地やマンションなど不動産を安く購入できるのである。市内への居住希望者にとってはこうした好条件があるにもかかわらず、市の人口は昭和三五年（一九六〇年）頃には約四〇万人であったが、令和五年には約三六万人まで減少しているのである。

意外なことに、県庁所在都市の中では市内に大学の少ない都市ナンバーワンであるというが、大企業では新日鉄住金や花王の工場などもあり、二次産業も盛んで、他都市もうらやむような環境である。しかし、観光施設というと考えてしまう。市の中心には徳川御三家の一つ紀州徳川家の居城和歌山城がある。夜にライトアップされるときれいな城ではあるが、戦後に再建されたものである。平成七年放映のＮＨＫの大河ドラマ「八代将軍吉宗」で入場者数をほぼ倍増したが、以後はその反動で平成一一年まで減少した後、再び多少の増加傾向にある。紀三井寺も大切な「観光資源」ではあるが、市の中心部からは離れている。最近では和歌山マリーナシティがヨーロッパをイメージしたテーマパークや黒潮市場のマグロの解体ショーなどで観光客を集めているが、市内観光にはつながらない。私がそうであったようになかなか市内宿泊にはつながらない。大型のシティホテルなど宿泊施設自体も不足しているようでもある。

和歌山城と御橋廊下

新たな観光スポット

しかし、最近和歌山市の和歌の浦の雑賀崎《さいかざき》漁港がにわかに脚光を浴びている。イタリアの人気観光地アマルフィに似ているというのである。インターネットに掲載されている写真を見比べてみるとなるほどと頷けるようにも思う。和歌山駅からも市駅からもバスで三〇分ほどかかり、市の中心部からは少し離れてはいるが、和歌の浦の海岸沿いの遊歩道はのんびり歩くのにもよいし、和歌の浦の商店街のレトロな雰囲気を味わうのもよいであろう。国指定名勝の大名庭園養翠園も立ち寄る価値はある。紀州徳川家の第十代藩主による海水を取り入れた珍しい庭園である。海水を取り入れたこのような庭園は他には浜離宮だけだという。一万坪にも及ぶ園内では塩を含んだ砂地でも育つ、手入れの行き届いた千本余の松と池とのコントラストが印象的であった。いずれも隣接しているわけではないが、和歌の浦を

“日本のアマルフィ”雑賀崎漁港

大名庭園、養翠園。海水を取り入れた庭園は日本では浜離宮とここだけ

散策するのは魅力的である。しかし、それだけではない。

雑賀崎のある雑賀の荘は、今の和歌山市と海南市の一部地域にもおよぶ地域で、鉄砲を使った戦術で優れ、水軍としても知られた雑賀衆の故郷である。雑賀衆は大軍を率いた織田信長との度重なる戦いでも勝利した軍事組織でもあったが、貿易商業を行うような集団でもあった。戦国時代に戦国大名に支配されない雑賀衆による「自治」地域が実現されていたという。結局、その雑賀衆も秀吉によって立てこもる太田城の周囲を水で覆う水攻めによって攻め滅ぼされた。その結果、多くがこの地を去り各地に分散したという。ちなみに川崎のさいか屋百貨店は雑賀衆の末裔の創業といわれている。

こうした雑賀衆のゆかりのスポットは市内各所に点在している。その雑賀衆を主人公とした直木賞作家津本陽による歴史小説『雑賀六字の城』は、最近ではおおのじゅんじにより漫画化もされている。近年では雑賀衆のリーダーとして名を馳せた鈴木孫一や、秀吉の朝鮮出兵に反発して朝鮮義勇軍として戦った雑賀衆ゆかりの人物沙也可でまちおこしも行われている。

しかし、むしろ戦国時代の日本では数少ない戦国大名に支配されない住民たちによる「自治」地域ということならば、それに関連したスポットには歴史に興味のあるような観

雑賀衆ゆかりの来迎寺に残る小山塚

光客を引き寄せ、一定時間の市内滞在を促す可能性があるようにも思う。雑賀衆が最後を迎えた大田城跡の来迎寺、鈴木孫一ゆかりの寺蓮乗寺、今は西本願寺の鷺森別院となっている当時の一向宗の本山「雑賀御坊」など、立派な観光資源ではなかろうか。言うまでもないことであるが、滞在時間の延長は消費の拡大につながり、場合によっては宿泊の可能性さえ大きくする。同じ住民「自治」ということで近隣堺市と連携した外部発信も有効であろうし、費用分担もできる。

雑賀衆は石山本願寺と信長の戦いにも関与し、浄土真宗や浄土宗など宗教とも少なからぬつながりがあった。これらの宗教団体に例えば本山参拝と併せてのツアーの提案なども遠来客誘致には有効であろうし、沙也可を縁とした韓国からの観光客誘致も有望であるかもしれない。NPO法人のホームページのガイドブックだけでなく、外部発信をもう少し積極的に行ってみてはどうかと思う。

余談ながら、筆者が専門とする北ドイツでは、中世には諸侯が群雄割拠する中で、遠隔地貿易で栄え、市民が事実上都市を治める市民自治を実現した中世都市があった。それらの都市はいわゆる「ハンザ同盟」を構成し、北ヨーロッパで政

ディトマルシェン中心のまちハイデ。中心商店街の入り口にお祭りの塔が立っていた

治経済的に大きな力をもった。その一員に都市以外でディトマルシェン農民団も加わっていた。ユトラント半島の西側、ハンザ都市ハンブルクから北西に約百キロメートルに位置する現在ドイツのシュレスヴィヒ・ホルシュタイン州のディトマルシェン郡の地域では、ハイデのまちを中心に農民が封建権力者に支配されない自由な「共和国」を実現していたのである。中世北ドイツの市民が治めたハンザ都市と農民による「共和国」、中世大阪において貿易で栄え町衆が治めた堺と和歌山の雑賀の荘、西洋と日本と遠く離れていてはいるが、私は何となく共通点を感じてしまう。そんな堺の百舌鳥《もず》・古市古墳群が世界文化遺産に登録された。古墳群に来訪する歴史に興味のある観光客に和歌山への寄り道を勧めるのも効果的ではなかろうか。

ディトマルシェン郡とハイデ

和歌山市の中心市街地

中心市街地では、大丸、ビブレが撤退し、丸正百貨店が自己破産した。その後、丸正の建物内では和島興産運営によるフォルテワジマが開業し、食品などの販売が行われてはいたが、あまり活気が感じられなかった。和歌山市の玄関口の一つで南海線とＪＲが入る和歌山市駅も利用者数は最盛時の三

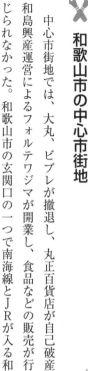

分の一にまで減少したという。その原因の一つは平成二六年に駅ビルのキーテナントの高島屋が撤退したためであろう。ちなみに、かなり傷みの見えた昭和四八年建設の駅ビルは令和二年にホテル、商業施設や図書館などの入った複合施設として再生した。

市の商品販売額も減少傾向にあると思われる。中心市街地のぶらくり丁では、特に休日の来街者の減少が著しく、広域型商店街の特徴である周辺から来街者を引き付ける中心性が弱まり、地域市民が日常的な商品を購入する地域型商店街へと移行傾向にあるように思われた。イベントによる来街者の増加を目指す試みもあるが、それらも地域内の市民を意識したものが多いように思われる。南海線沿線の大阪よりにイオンモール和歌山ができ、人の流れがかわり、例えば化粧品の市外購買率は平成一一年の一五パーセントから十年後には三〇パーセントに増加したのである。ショッピングモールは何でも揃っており、特に若い世代には支持される傾向が強い。しかし、熟年以上の和歌山市民にとっては、中心商店街には馴染の店があるであろうし、何よりも食の面では中心市街地に軍配が上がるのではなかろうか。多少ターゲットを絞った戦略の導入も効果的ではなかろうか。

平成二九年ゼミ生が調査都市として和歌山市を選んだので、再

リニューアル工事中の和歌山市駅

び和歌山市を訪れる機会に恵まれた。その折には中央大学のOB・OGの大歓迎を受け、中央大学卒業生の元気さと結束力には感動したが、それと反対に和歌山市の中心市街地は残念ながら、以前よりも元気がなくなりつつあるように感じられた。

和歌山の味

和歌山といえば、みかんと梅干、梅酒などが頭に浮かぶが、和歌山市の名物というより和歌山県の名産品であろう。和歌山市の名物、土産物といってもとっさに頭には浮かばない。実際に何か適当な土産物はないかとJR和歌山駅の売店で探してみたが、結局和歌山市土産としては人気ナンバーワンというお菓子を買って帰った。美味しかったが、特に和歌山市を強調したお菓子ではなかったように思う。

和歌山ラーメンも地元では有名であり、ラーメンとともにいただく早寿司もうまくマッチングしてはいるが、これらで外部から人は呼べない。和歌山特産の梅や新生姜を使ったジンジャーエールも捨てがたい味ではあるが、土産として買って帰るには重い。どれをとっても失礼ながら名物というには

中心市街地のぶらくり丁

中途半端な気がするのは私だけであろうか。

清酒も、和歌山の生んだ植物学や民俗学の分野で名を馳せた偉人南方熊楠の実家でもある酒蔵世界一統で出しているその名も「南方」や、「黒牛」や「車坂」など東京の店でも指名するようなうまい日本酒があるが、京都伏見や兵庫灘はもちろん奈良の「春鹿」などの銘柄よりも知られていないようにも思う。

みかんや梅、その加工品の梅酒や梅干しはもちろん、海に面し新鮮な魚貝類が手に入るし、紀ノ川では天然放流のアユもとれる。独自の食材が豊富な和歌山に、大阪とも京都とも違う伝統の味あるいは和歌山ならではの味が観光客を迎え入れ、リピーターとして来訪してもらえるカギになるような気がする。市独自の土産物も同様に消費の拡大には不可欠なものではなかろうか。

食べ物が美味しくて物価が安くて大都市圏から近い、実に恵まれた環境にありながら、いやむしろ恵まれた環境にあるから外部発信をあえて強くしないのではないかというのが和歌山市の率直な印象である。

おわりに

和歌山市では最近、二大学が市内で開学したというが、市内に学生は回帰したであろうか。関空経由のインバウンドの観光客増もうれしいニュースである。これからは和歌山港に豪華客船を招致するのも経済活性化には効果的であろう。しかし、招致が有力港との競争という意味だけでなく、観光バス百台を超えるような観光客の導線を、例えば和歌山港から市内へそして高野山や奈良へといった内容をしっかり検討しなければならないであろう。

他方で、市内の歴史的遺産を観光資源として見直し、例えば、雑賀衆をもう少し観光に生かしてもよいように思うし、その際には雑賀衆と関連した仏教の門徒や、日本で好印象を持ってもらえる可能性のある韓国観光客をターゲットとするのも一案であろう。和歌山ならではの郷土料理に地酒、和歌山市ならではの土産物など、観光客にもう一度来たくなる思い出を提供してほしいと思う。いずれにしても、もう少し観光客の市内滞在や消費を意識した積極的な観光政策を考えるべきであるようにも思う。

中心市街地の発展を考えるならば、中心市街地に回遊性を作りたい。すでに七〇歳以上の高齢者には「外出支援」として、バスが何度でも百円で利用できる、もしくは市営駐車場を一時間無料で利用できる「元気七〇パス」がある。しかし、高齢者以外の市民がバスを使って市内で買い物をし、離れた場所で食事をして帰宅することを想定するならば、何度も正規のバス代を払う必要がある。学部横断ゼミの学生がまとめた『共同研究報告書』では、バスの利用者の途中下車を可能にすることによって都心への寄り道が提案されていた。しかし、一歩進んで朝の通勤、通学の混雑時を過ぎたら一日何度でも乗れるようなチケットがあってもよいのではなかろうか。外来者にとってもバス利用が便利になろう。さらに、カードで乗り降りと買い物ができ、そこにポイントも付されるようなシステムが導入できれば市民の中心市街地来訪を促進することができよう。

雑賀衆ゆかりの地本願寺鷺森別院

こうした努力と同時に、これだけ住みやすいまちならば、近隣の大都市大阪で通勤に便利な立地条件の高価な不動産を有する同郷人を積極的に受け入れることも考えてよいのではないか。リタイヤすれば通勤は考えなくてもよい。子供たちが独立すれば広い家は不要である。少し間取りが控えめな落ち着いた環境の物件を和歌山なら安価に求められるはずである。美味しい食べ物と、昔から慣れた味付け、落ち着いた環境、それは生まれ故郷に帰った人々を元気にしてくれるであろうし、それによって故郷も元気になると思うのであるが、いかがであろうか。

第一三章　姫路市

はじめに

退職年度前年の平成三〇年の春に姫路市でゼミの調査合宿を行った。市役所の産業振興課とシティプロモーション推進課の方が、お忙しい中、学生たちが希望した資料を提供してくださり、市の現状全般についてデータを交え丁寧に説明してくださった。

何度となく姫路城を遠くに見ながら新幹線で通過していたが、最初に姫路に降りたのは三十年以上前の広島での学会の帰りであったと思う。往きの車窓からの姫路城が美しく、寄ってみたくなり、途中下車したのである。以後も観光で姫路には何回か出かけたが、市内ではほとんどが姫路城と駅とを往復したにすぎず、書写山圓教寺と亀山御坊本徳寺に寄ったことはあったが、宿泊をしたことはなかった。しかし、調査のためにゼミ生とともに姫路を訪れ、ゆっくりと中心市街地、商店街の様子を見ながら歩き、あらためて市内の観光地を巡ってみると、別の姫路の姿があるように感じた。近年ほぼ人口は維持されているとはいえ、今後の減少が予測されており、それは市の発展に大きな影響を与えそうだし、観光客が増加しているにもかかわらず市内消費が増えないなど、姫路市のかかえる気がかりな点も見えてきた。その後関西に出かけた折、姫路に足を延ばし、何度か訪れた折に感じたことなどを思い出しながら市内を歩いてみた。

姫路市という都市

国宝の姫路城の天守閣は慶長一四年（一六〇九年）に池田輝政によって築かれた。その城下町姫路市は、古くは播磨の国の国府の置かれたまちであり、現在では、瀬戸内海に面した観光都市であるとともに国内有数の工業都市でもある。平成二八年の市の総生産では第二次産業は約三分の一を占め、平成二四年のデータでは製造品出荷額は二兆円を超え、全国の都市の中で十六位であった。

少子高齢化は全国同様で死亡が出生を上回る自然減が続き、平成二九年までは転出が転入をわずかに上回る社会減でもあったが、平成三〇年には転入増に転じ、わずかに人口は減少しているものの令和四年の人口は約五二万五〇〇〇人余である。昼間人口が夜間人口を上回る中心性の高い都市であっ

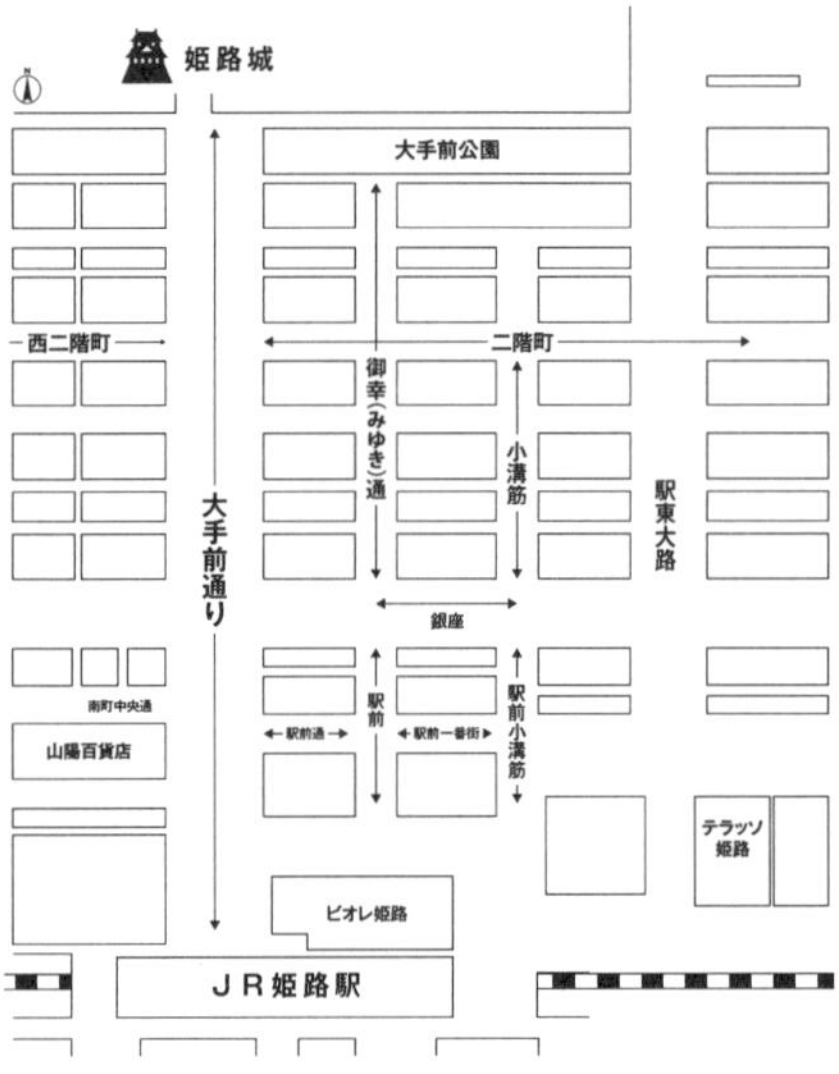

姫路市中心市街地商店街地図（『姫路市統計要覧』より一部改訂）

たが、周辺町の合併により現在では、昼夜間人口はほぼ同数に近付いた。鉄道ではＪＲ以外にも山陽電車が、阪神、阪急電鉄と相互乗り入れで、神戸、大阪と結んでおり、三宮までなら約一時間の関西圏西端の中心都市である。

　中心市街地の歩行者通行量は、駅から城に向かう大通り大手前通りに比べ通行量の多い東側のみゆき通りではこの五年間増減はあるものの、増加傾向にある。逆に駅前商店街の休日一日の通行量は二万三〇〇〇人から二万二〇〇〇人へと若干減少傾向にあった。ＪＲ姫路駅の城に向かう北口の通行量がおよそ三万五〇〇〇人程度であるから、ＪＲ姫路駅北口利用客の約三分の二が駅前商店街を歩いたことになる。面白いのは、駅から城に向かって歩く人よりも、城から駅への流れの方が多いことである。観光客の多くが、姫路駅に降りたらとにかく、バスあるいはタクシーで姫路城に行き、帰りはぶらぶら、それも大通りではなく、みゆき通りを駅に向かって戻っているその結果がこの数字に表れているようである。

　市民の総所得は平成一八年から減少傾向にあったが、二四年から二七年にかけて上昇した。しかし、一人当たりの年間所得も消費も減少傾向にある。非正規雇用などの増加が一

みゆき通り商店街駅前入口

みゆき通り商店街

因であろう。市民の総所得が増えているのに、一九年から二六年の小売、卸売の販売額は低下し、市内における中心市街地の小売販売額の占有率も低下している。平成二四年から二九年にかけてのアンケートでは、飲食目的の来街者は増えているが、買い物目的の来街者は減少しており中心商店街での購買の低迷がうかがわれる。

姫路の観光

姫路の観光といえば、何といっても白鷺城とも呼ばれる国宝姫路城であろう。実は姫路城は、世界最大の旅行プラットフォーム、トリップアドバイザーが選ぶ「死ぬまでに行きたい世界の名城二五選」でドイツ・バイエルンのノイシュバンシュタイン白鳥城に次ぐ第二位で、白鳥城とは「白城」協定を結んでいるという。姫路城が白い城なのは瓦を強風から守り、戦時の火攻めから守るためにふんだんに施された漆喰による。しかし、白い城は目立ち、戦時には標的にもなろう。第二次世界大戦の際には、夜間の空襲から守るため市民によって城には黒い網がかけられ、姫路空襲の折にも焼失を免れたという。城を訪れた後には姫路城脇の西御屋敷跡好古園をノンビリ散策し、茶室双樹庵にちょっと立ち寄りお茶を一服いただくのもいい。

このような姫路市には姫路城のほか「西の叡山」とも称されるほどの規模の天台宗の別格本山書写山圓教寺がある。この古刹は司馬遼太郎の黒田官兵衛が主人公の歴史小説『播磨灘物語』にも登場する。市の中心部からバスとロープウエーで境内まで上がると、そこには下界とは別世界が広がっていた。摩尼殿、常行堂、食堂、大講堂など多数の重要文化財が並び、そこでは、トム・クルーズ、渡辺謙主演の「ラスト サムライ」や平成二六年のNHK大河ドラマ「軍師官兵衛」などの撮影が行われた。

市内にはNHKの大河ドラマのロケ地は他にもある。平成一六年の「新撰組」は姫路駅から山陽電車で二駅目の亀山駅近くにある本徳寺でも撮影された。浄土真宗本願寺派に属し亀山御坊とも呼ばれる本徳寺では、明治初年に本堂を焼失したが、その後本山の西本願寺から北集会所が移築された。北集会所は一時新撰組が屯所として使用しており、その折の刀傷が残っているという。境内は江戸時代の風情を残しており、まさに「新撰組」のロケ地としては最適であろう。

近年では平成二六年に姫路城の大修理が完了し約九一五万人の観光客が市を訪れたが、同年に播磨

姫路城

西屋敷跡好古園

茶室双樹庵

を舞台とした「軍師官兵衛」が放映されたこともあり、翌年には一二〇〇万人にまで増加した。京都、大阪、神戸など大都市との高速道路も整備されて車での来訪も容易となり、新幹線を利用すれば関東からも九州からも、四国からも時間距離は短く、こうした観光客数を創出したのであろう。しかし、時代劇のロケ地となった前述二寺も中心市街地からは離れており、観光客が観光施設を巡るとしても、駅から城への移動を除けば、中心市街地への立ち寄りも少なければ、市街地での回遊性を生み出すことも極めて少ないといえよう。

姫路の強みは、このように市内に一大観光施設があるだけでなく、市の周辺都市に多くの観光地、観光施設を有することであろう。近隣には神戸の異人館や中華街、岡山後楽園や岡山城、倉敷の大原美術館やレトロな美しい美観地区などがある。どちらへもゆっくり巡っても一日、急げばそれぞれ半日ずつでも回れる。少し広い地域を効率的に周遊、観光するには都合がよい。しかも、そうした姫路以外の観光を目的としていても、新幹線から見える姫路城は予定外の立ち寄りの誘引剤にもなろう。しかし、観光客の多くは城を観光すると、次の市外の目的地に移動する。したがって宿泊者数は多くはない。平成二六年には八万人強であった外国人観光客は、令和元年には約四〇万人に達したが、宿泊客はやはりかなり少ない。市内に立ち寄ったとしても滞在時間が少なければ、観光客の消費も大きくはならない。

姫路の祭りといっても、即座に思い描けるものは私にはない。たしかに、ネットで姫路市の紹介を見ると、正月には松明や鉾をかざした赤鬼、青鬼が勇壮に踊る圓教寺や増位山随願寺の「鬼追い」、夏には家島町で海の祭典「ぼうぜペーロンフェスタ」が紹介されている。さらに、秋には、豪華けんらんな屋台のぶつけ合い（練り合わせ）で知られる松原八幡神社の「灘のけんか祭り」、暗闇の中をまるで光の波のように揺れる提灯の列が、突然楼門の前で提灯をぶつけ合う網干魚吹八幡神社の「提灯祭り」や、大塩天満宮「大塩の獅子舞」、犬飼・土師の獅子舞など、伝統ある郷土色豊かな祭り、また奇祭として注目を集める、播磨国総社の「一ツ山祭」、「三ツ山祭」など多くの祭りがあるという。他にも、姫路城の観桜会、観月会なども盛大に行われているようである。こうした祭りについてもう少し広く外部発信してみてはどうかと思う。

東京から地方へ出かけようとする時、東京土産はと考えてもすぐには浮かばない。昔なら浅草の「雷

圓教寺摩尼殿

圓教寺常行堂、食堂、講堂

本徳寺に残る新撰組の刀傷

おこし」かもしれないが、今では何があるかと考えてしまう。東京には何でもあるといわれるが、東京でなければ手に入らない「土産」というと考えてしまうのである。同様に、姫路の観光土産としては何があるのであろうか。お菓子では、黄身餡を薄紅色の求肥で包んで椿の花に見立てた伊勢屋本店の「玉椿」は、一口大の小ぶりながら上品な甘さである。姫路の代表格であろうが、他にはこれこそがという姫路土産が見つからない。土産物店をのぞいてみても、気楽に買えて、これぞ姫路の土産というものが見当たらないのである。

姫路の味

瀬戸内の地元の海の食材は豊富である。近隣明石ではタイやタコなどが名物であるが、姫路の味といえば、まず頭に浮かぶのは瀬戸内地方ではよく食べられるアナゴであろうか。広島の宮島でいただいた焼きアナゴは酒の肴にはよかったという記憶がある。アナゴ飯は姫路独特のものなのであろうか。せっかく姫路まで来たのであるから、やはり、姫路では姫路独自の味を楽しみたいと思い、駅近くのアナゴ飯の専門店を訪れ、昼食をいただいた。たれにつけたアナゴを焼き、煮汁で炊いたご飯とともにいただく、美味しかったが、これはやはり昼食であるように思えた。地元特産の生姜と醤油でいただく姫路おでんも、素材そのものの味を生かした捨てがたい味である。姫路での「ちょっと一杯」には最適であろうが、夕食となるとこれだけではさびしい気がする。

少し前までは神戸の伯母から、春になると春告げ魚とも呼ばれるイカナゴを自宅で煮た釘煮が送られてきた。年によってイカナゴの大きさは異なったが、総じて大きめのものが筆者の好みであった。この釘煮が姫路でも名物とのことで、小ぶりのものであったが土産に買って帰った。甘みと多少の苦みが絶妙に調和したその味は熱々のご飯とだけでなく、酒のつまみにもいい。

酒に合うというなら、播磨灘の坊勢サバ、特に秋から冬にかけての真サバの刺身がお薦めであると聞いた。ゼミ合宿の際にも、どうしても食べたくて、お昼過ぎの空いた時間を利用して、水槽で泳ぐサバを刺身にして食べられるというＪＦぼうぜ姫路の「とれとれ市場」に行ってみた。山陽電車の姫路駅から白浜の宮駅に行き、そこから徒歩十五分とパンフレットに書いてあったので歩いてみたが、結構な道のりであった。結局着いたのが二時過ぎだったので食堂は終了しており食べることはできず、がっかりした。その夜、市内のお鮨屋さんでいただくことができたが、生臭みなど皆無の身のしまったその味に感激した。市場が早く閉まるのは仕方がないことかもしれないが、車がなければ気軽に立ち寄ることはできそうにない。近くに住んでいれば、買って帰って夕食にも、晩酌にも特に問題はないのかもしれないが、遠方から訪れた客は宅配便で送ることになるのであろう。しかし、鮮度が命のサバを美味しく食べようと思ったらその場でいただくしかないように思う。この市場は最近「姫路まえどれ市場」と改名されリニューアルが図られているようだが、地元客だけでなく、外来者をも意識するのであれば、例えば、お城と駅の間の観光客の移動範囲内に立ち食いででも、気軽に新鮮な魚が食べられて、地元播磨の地酒を飲めるような分店を作るなどの工夫はできないものであろうか。こうした店があれば観光客の市街地での回遊性も多少は向上するのではなかろうか。せっかくの施設ではあるが、もう少し消費者目線で考える必要がありそうである。

姫路のある播磨は地酒の宝庫といわれる。駅近くには地元姫路を中心におよそ三〇〇種の兵庫の酒が試飲できる「試」という店があるというので、姫路の酒を試飲してみたいと思い出かけてみたが、残念ながら閉まっていた。山陽電車の手柄駅の近くの線路脇に「灘菊」の建物が見えたので、平成三〇年に訪れた折に是非立ち寄りたいと思ったが、時間に余裕がなく、あきらめて、「龍力」姫路駅フェスタ店で大吟醸「米のささやき」を立ち飲みした。御猪をあふれたお酒がその下の小皿にこぼれ、これで二〇〇〇円である。これぞ大吟醸というしっかりした味であったが、いわば「自己主張」が強くなく、後味の良い酒であった。思わず三〇〇ミリリットル瓶を購入してしまった。同じ銘柄でも「ドラゴン」は近年では近くのスーパーでも見かけるほどだが、その内純米吟醸ドラゴン黒はさっぱりとした口当たりで、西洋料理にも合う日本酒である。帰り際に、新幹線改札近くのピオレおみやげ館に清酒「八重垣」のショップを見つけ、またまた三〇〇ミリリットルの生貯蔵酒を買ってしまった。さらっとした飲み口であと味がさわやかなお酒であった。

本来お酒自身を味わい、楽しむのであれば、肴は不要であるかもしれ

地酒の宝庫　播磨

「龍刀」

ないが、やはり私なら、このお酒はサバの刺身を肴にいただきたい、地元の酒と食材はどのような組み合わせが最適なのか、など余計なことを考えてしまった。

おわりに

姫路市はなんといっても姫路城の「一点豪華」な都市として遠来の客の来訪をもたらす。市の周辺には観光客を魅了する都市は多いし、市内には観光面では好材料が揃っているようにも思えるが、姫路城があまりにも傑出しすぎていて、観光客の市内での回遊性を生み出さない。観光客は来ていても、中心市街地に観光客が足を運ばず、そこには消費も生まれないようにも思える。しかし、姫路城観光後に徒歩で駅に戻る観光客はそれなりにいるようである。そうした観光客の通行を意識した商売は行われているであろうか。多少の検討の余地はありそうである。

坊勢サバには感激したが、坊勢サバといってどれほどの人が知っているだろうか、市内でも食べられる店はあるのであろうが、せっかく漁協の運営する市場があるのだから、もう少し積極的な外部発信が行われてもよいのではなかろうか。しかも、旅行者は生魚を買っては帰れないし、仮に買って帰ったとしても、鮮度を維持するのは難しいであろう。手軽に食べられる店があってもよいように思う。市場の改名による新たな展開とともに、アクセスの改善や消費者目線に立った戦略も考えられているならば嬉しいことである。

多くの観光客が訪れている割には市内への宿泊が少ないのは、姫路城だけの観光であれば仕方がな

姫路城

いことかもしれない。しかし、市内で姫路独特の郷土の味をいただけるなら、もう少し観光客の滞在時間を延長できるのではないかと思うし、それが夕食に相応しいものなら宿泊にもつながろう。豊富で新鮮な魚貝類を生かした観光戦略を考えてみてはどうだろうか。

このように観光についての問題点の解消とともに、市内経済の活性化に欠かせないのは、市民や周辺住民の日常生活における消費の増加であろう。工業生産は安定した就業者と収入をもたらし、他の多くの地方都市のように、転出の増加による人口減少は見られないし、中心市街地の歩行者数も維持されているなど姫路市の現状は決して悲観的なものではない。しかし、姫路市の小売販売額は伸びていない。周辺町の合併などの影響があるとはいえ昼夜間人口も拮抗し、外部から人を集める中心性の低下も感じられる。このような状況下で市民の中心商店街における生活物資の購買など基礎的な消費の減少は市経済の低下をもたらす。市民や周辺住民の回遊性の低下を意識して、城キャッスルと都市シティを合わせた造語「キャスティ21」で姫路駅北口地域の回遊性の創造が試みられているが、駅北側の限られた地域内での回遊の促進であり、その成果を期待したい半面、お城の方向にもう少し広いエリアの回遊性の増進が考えられるべきであるとも思う。市民が駅前だけでなく、お城と駅の間の大手前通り、みゆき通り、小溝筋、それを横切る銀座や二階町の通りを回遊し買い物を楽しむ場を創出するような施策も必要であろう。

市民や周辺住民の消費の増加を目指すのはたやすいことではないが、観光客誘致、観光客の回遊性、その消費の拡大とともに、市民が買い物を楽しめるような中心商店街を市民が中心となって考え、創設してほしいと思う。

第一四章　松江市

はじめに

定年退職年度の令和元年の夏に、ベーシックゼミの一年生が選んだ松江市で最後のゼミ合宿を行った。市役所の商工企画課と観光文化課の方がお忙しい中、学生たちが希望した資料を提供してくださり、市の現状全般についてデータを交え丁寧に説明してくださった。

これまでにも何度となくプライベートでは松江やその周辺の温泉等には来ていたが、それはやはり松江や周辺の観光地などに魅力があったからである。しかし、調査のために学生とともに松江を訪れ、中心市街地、商店街を歩いてみると、やはり少し元気がない気がする。大都市が近隣になく、高級衣料などの買回り品も多くが市内で購入される都市と思われるが、中心市街地での消費の低迷が気になる。近年の人口減少は今後の市の発展に大きな影響を与えそうだし、観光客が増加しているにもかかわらず市内消費が増えないなど、松江市にはいろいろ気がかりなことも見えてきた。そんな松江について改めて感じたことなど書いてみたい。

松江市という都市

国宝の松江城の城下町松江市は、平成一七年に周辺の六町一村と合併して新生松江市となった。人口は二〇万人弱の県庁所在都市としては小さな都市である。多くの地方の中小都市が転出が転入を上回る人口の社会減への対応に苦慮する中で、松江市は近年転入超過となっている。しかし、少子高齢化は全国同様で死亡が出生を上回る自然減によりわずかに人口は減少している。

宍道湖畔に面し、その夕日の美しさは本当に見事である。歴史漂うレトロでおしゃれな京店商店街もある。市内に宍道湖温泉、玉造温泉があり、少し東に足を延ばせば庭園美と国内画家の豊富な美術品を有する足立美術館があり、西に足を延ばせば出雲大社がある。出雲大社へはＪＲとバスという行き方もあるが、鉄道好きの「テツオ」君なら一畑電車のひと昔前に首都圏の私鉄などで走っていた懐かしいレトロな電車で出かけるのも良いのではなかろうか。途中の田園風景もいいし、時間があれば一畑薬師への寄り道も有りであろう。蛇足ながら、鉄道旅行大好きの「テツオ」君ならやはり首都圏からの片道は十時間以上かけて運行される我が国にわずかに残った夜行列車サンライズ出雲での移動も面白い。飛行機なら出雲空港、米子空港経由で便利だし、新幹線利用なら岡山経由で五時間半ほどで行けるが、夜行列車を使えば時間はかかるものの朝の到着後丸一日観光でも仕事でも使えるから「テツオ」君のみならず意外と便利でもある。

松江は平成二〇年のＮＨＫの朝ドラ「だんだん」で舞台ともなった。「だんだん」は出雲弁で「あ

宍道湖の夕日

りがとう」の意味だが、出雲弁は独特の東北弁のようなズーズー弁で、松本清張の「砂の器」では木次線の亀嵩駅とともにストーリーの展開に重要な役割を果たしていたことを思い出した。

市内雑賀町の出身者には元総理大臣の若槻礼次郎や、その同級生で平成三〇年のＮＨＫ大河ドラマの「いだてん」で有名になった岸清一がいる。岸は日本のスポーツ界の発展に尽力し、嘉納治五郎に続いて大日本体育協会第二代会長となった。ちなみに代々木にあった岸記念体育会館は岸の寄付によって作られたものである。このように日本の近代化に貢献した偉人が生まれた雑賀町は、雑賀衆が移住した地である。十二章の和歌山市で書かせていただいたが、雑賀衆は戦国時代に和歌山市から海南市にかけての雑賀の荘を戦国大名に支配されない「自治」地域として治めていた。織田信長との戦いにも勝利した雑賀衆も秀吉の水責めに屈し、敗北後全国に散った。川崎のデパートさいか屋の創業者もその末裔といわれるし、雑賀衆は松江にも移り住んだのであった。

松江の観光

松江の観光では、まずは平成二七年に国宝に指定された松江城であろう。その天守閣も素晴らしいが、城内に後に建設された迎賓館の興雲閣も魅力的だし、堀を船で巡るツアー「ぐるっと松江　堀川めぐり」も面白い。橋下では船の屋根を下げて潜り抜け、観光客も身を屈めて通過する。ちなみに堀の水位が上がればツアーそのものが中止となる。宍道湖の夕日も素晴らしいし、小泉八雲の記念館も旧居もいい。その近くには北堀町の塩見縄手の武家屋敷があり、そこには白壁と黒板塀が松並木や堀・石垣と調和した城下町らしさがあるのではあるが、車の通行量の多い道路が隣接しており、のんびり城下町を歩くという感じでないのが残念である。

市内の観光スポットを巡るバス「ぐるっと松江レイクライン」も便利である。市街地の宍道湖畔には宍道湖温泉もあれば、ＪＲで西へ二駅の市内には優れた美肌効果から「神の湯」ともいわれる玉造温泉もある。

このような松江市には近年では一〇〇〇万人前後の観光客が訪れている。第八章の金沢市が北陸新幹線の開業で達成した観光客数を、人口半分以下の都市松江が確保しているのには驚かされる。関西圏からの近さと高速道路の整備がこうした観光客数を創出したのであろう。しかし、金沢の宿泊者が来訪者の三割以上なのに対し、松江は約二割と少なく、宿泊施設の稼働率も低い。平成二三年には三万人に満たなかった外国人観光客は、平成二九年には一二万人弱と四倍にも増加したが、宿泊客は半分以下であった。しかも、中心市街地の歩行者通行量も減少しているし、観光客にとって魅力のありそうな京店商店街の売上高も平成一一年からの減少は平成二三年には落ち着いたものの、平成二六年までほとんど増加していない。平成二七年まで減少していた空き店舗数も上昇傾向にあるなどまちの活気も物足りないように思う。

松江の強みは、周辺に多くの観光地、観光施設を有することであろう。東側にはどじょうすくいで

松江城

興雲閣

堀を遊覧船で巡る「堀川めぐり」

有名な安来市があり、そこには足立美術館がある。自家用車やレンタカー以外で行こうとすれば、松江からＪＲとシャトルバスを乗り継いで行かなければならないなど多少の不便さがあるが、その庭園は四季に応じて楽しめるし、横山大観をはじめとする所蔵絵画の展示も見ごたえがある。宍道湖畔を一畑電車でもＪＲとバスでも西に行けば出雲大社がある。どちらへもゆっくり巡っても一日、急げばそれぞれ半日ずつでも回れる。もう少し足を延ばせば世界遺産の石見銀山もあれば津和野もある。こうした周辺観光地の中心としての松江では、旅程に応じて様々なプランが考えられる。遠来の客なら大きな荷物を松江の宿に置き、身軽に興味に応じた観光ができよう。しかし、観光客の市内や周辺温泉の宿泊者は少なく、来訪し観光はするが、地域全体が通過点となっているようである。

足立美術館

松江には多くの祭りもある。その最大のものは十年に一度開催される城山稲荷神社の式年神幸祭のホーランエンヤであろう。城山稲荷神社の御神体を載せた船団が阿太加夜神社へ、神事の後再び戻るこの祭りは、日本三大船神事の一つに数えられている。絢爛豪華な大船行列の船上では歌舞伎さながらのあでやかな衣装を身にまとった役者たちが勇壮かつ華麗に舞う。九日間にわたるこの祭りの期間には多くの観光客が松江を訪れ、大きな観光消費をもたらしている。

　ゼミ合宿は八月一日から三日の二泊三日で行われたが、最終日はたまたま水郷祭湖上花火大会の開催日であった。せっかく松江まで出かけながら、浴衣姿の花火見物客が松江駅に降り立つのを横目で見ながら、なくなく岡山行特急列車に乗った。わずかな日程の差で宍道湖に上がる花火を見られず誠に残念な思いをした。ちなみに令和元年の花火大会は三三万人の人出であったという。

　松江の観光土産としては何があるのであろうか。松江は和菓子のレベルが高いといわれる。松江藩第七代藩主で茶人として名高い松平不昧《ふまい》公所以の彩雲堂の「若草」を買って帰ったが、柔らかな求肥生地の緑の和菓子はなるほど抹茶に合いそうな気がした。ちなみに、一昨年平成三〇年は不昧公没後二〇〇年にあたり、茶道をはじめ伝統文化をテーマとした催事が行われたという。

　しかし、土産物店ではシジミ関連の土産物や出雲そば、のど黒の干物、トビウオ（アゴ）だしの調味料などが目立ったが、何か物足りない。気楽に買えて、これこそが松江の土産というものが見当たらないのである。

出雲大社

松江の味

松江の味といえば、まず頭に浮かぶのは宍道湖のシジミであろうか。たしかにシジミの味噌汁は旨かった。出雲地方ということであれば出雲そばが思い浮かぶが、松江に限定すると特には思い浮かばない。しかし地元の食材は豊富である。松江に来るといつも立ち寄る割烹「いと賀」では、山陰日本海の味を堪能してきた。クエにヒラマサ、マグロに脂の乗ったアジ、どれを食べても旨い。しかも酒は地元李白の純米吟醸、これらの刺身との相性は抜群である。今回もたまたまカウンター席のお隣に座られたご夫婦との会話がはずんだ。ご主人のお誕生日のお祝いの食事に見えたという。島根大学をご卒業のお二人でご主人は広島の中学校で数学の先生をされていたが、今は奥様のご両親の介護のために戻られたとのことであった。松江の話、料理の話から教育問題、高齢者介護の問題など話題は多岐にわたったが、そうした会話も確実に料理の味を引き立ててくれたように感じた。

せっかく出雲の松江まで来たのであるから、やはり一度は出雲そばを味わいたいと思い、駅構内の出雲そばのお店で割子そばとウナギのセットを昼食にいただいた。円形の三段重ねのお重すなわち割子の中に盛られたそばに直接薬味を載せ、そばつゆをかけていただく。そばは玄そばを殻ごと挽くため黒っぽく、香りと風味が豊かであった。ウナギのかば焼きとそばが意外に合うことを実感できた。出雲そばのルーツは信州そばであるという。松平直政公が信州松本から国替えとなり松江城主となった折、気候が厳しい地味の豊かでない地でも育ち、収穫までの期間の短いそばを出雲の地にもたらしたものという。

松江ではないが、山陰の寿司として有名な吾左衛門の肉厚のサバ鮨、スモークサーモンの押し鮨は好みの味である。東京駅でも販売されていたが、やはり山陰の味は山陰でいただきたい。松江駅構内の土産物店で販売されていたのを見つけたが、曜日限定の販売で手に入れることはできなかった。考えてみれば松江に来て、山陰のものとはいえ、松江市から三十分程東の隣県鳥取県米子のお鮨というのもどうかと思い直した。やはり、松江では松江独自の味を楽しみたい。

割烹いと賀と山陰・日本海の海の幸

神話と伝統の里

出雲といえば神話の故郷であり、因幡の白兎は誰にでも知られている。神話から古い文化までが根付いた地である。その中でも、この地で産出する砂鉄を使い、ふいごによって火力を強力にして行う製鉄、たたら製鉄は古代から近代初期まで続いた伝統的製鉄法で、多くの日本刀が作られた。製鉄といえば、私事ながら四十年も昔、中沢護人先生の下でルードリッヒ・ベックの『鉄の歴史』の翻訳をお手伝いしたのを思い出した。それは、技術史という近年重視されている分野の先駆的文献として、たたら書房から出版された。同じ島根県とはいえ出雲より西の地域ではあるが、世界遺産となった石見銀山もある。銀鉱石や砂鉄、そうした資源に恵まれた地方なのである。

松江で作られているものではないが、そして意外と知られていないが、出雲には雲州そろばんがある。玉の動きがよく、ぴたりと止まるといわれ、今でも職人芸によって作られている芸術品である。すでに計算機に取って代わられその存在感は低下したものの、かつては日本全国で使われてきた名産品である。そろばんは実用という点ではすでに時代遅れなのかもしれないが、子供の計算力の向上には効果的だとも聞く。伝統工芸ともいえるそろばんは日本の工芸品としても価値を有するように思う。

松江市を含む地方のことであるとはいえ、そして即座に観光や経済に結びつくものでないとしても、こうした伝統文化もまた創意工夫次第ではこの地方独特の風土の産物として外部発信を増幅する力になるのではなかろうか。

おわりに

松江市は市内には観光施設もそろっているし、多くのイヴェントも遠来の客の来訪をもたらす。宍道湖の夕日は湖畔の宍道湖温泉への宿泊の可能性を大きくする。市の周辺にも観光客を魅了する観光施設は多く、松江市は観光面では好材料がそろっている。しかし、夕食に郷土の味をと考えると即座には思い浮かばない。松江というとどうしてもまずシジミが頭に浮かぶが、味噌汁かせいぜい大シジミの酒蒸し程度であろう。近年ではシジミバーガーなども「名物」?になっているようだが、夕食のメインディッシュにはならない。出雲というと出雲そばであるが、おそばというと私には昼食のイメージが強い。夕食には何を食べるか。前述の松平不昧公は茶人として知られただけでなく、そば好きとしても有名であったという。不昧公は茶懐石にそばを取り入れたとも聞く。懐石料理にそば、すなわち「そば懐石」はもしかしたら松江の名物となるかもしれない。豊富な食材を有する松江での懐石料理、そば、そして地酒のハーモニーは旅人に忘れがたいものとなり、リピーターをもたらす可能性があるようにも思うが、いかがであろうか。

松江市の観光に関するデータ集積、その分析の結果を以後のイヴェントやまちの活性化に生かそうとする姿勢は誠に素晴らしい。中心市街地の定時ガイドコースの参加者も平成二三年の七〇〇〇人から平成二八年には一万八〇〇〇人にまで増えている。しかし、その後平成三〇年には一万二〇〇〇人となり減少傾向にある。多くの観光客が訪れている割には市内および周辺温泉などへの宿泊が少ないのも気がかりである。抜本的には宿泊する必然性を増す施策が必要であろうが、まずは松江市と周辺自治体が協力し、費用を出し合って市内および周辺温泉への宿泊を呼びかけてみてはどうか。それに応じて来訪した観光客へのアンケート調査が今後の施策に生かせるのではなかろうか。さらにそのアンケート結果への対応は、観光客が多い割には中心市街地でのその回遊と消費につながらないという問題の克服にも生かしていけるのではなかろうか。いずれにしても、中心市街地に観光客が行ってみたくなる仕掛けが必要に思われる。

　このように観光についての問題点の解消とともに、市内経済の活性化に欠かせないのは、市民や周辺住民の日常生活における消費の増加であろう。しかし、市の経済基盤となる市民の人口が減少しているのも気がかりである。それは中心商店街での生活物資の購買など基礎的な消費の低下をもたらす。転入が転出を上回る社会増ではあるものの、これ以上の転入の促進は、働く場が限られており、企業誘致も難しく容易ではない。十八歳、二十二歳での進学、就職による転出もしかたがない。人口増による市民消費の増加を目指すのはたやすいことではないが、松江市は大都市に比べ物価が安く、美味しい食材の豊富な、落ち着いた美しいまちである。しかも住みやすいまちランキングでは、医療を迅速に受けられる都市として第一位に輝いている。文化の香りに浸りつつのんびりと暮らすには最適なまちの一つのように思われる。

松江市街

まずは、観光客誘致だけでなく、その魅力を自信をもって全国に発信し、定住も呼びかけてみてはどうか。

神話や伝統を生かした松江ならではのまちづくりと、そして何よりも豊富な新鮮で美味しい食材を使用した地元の味でのおもてなしの展開を期待したいと思う。

第一五章　高知市

はじめに

以前ゼミ生の希望で調査に出かけ、観光でも何度か訪れたことのある高知を平成二九年秋に学術講演会で久しぶりに訪れた。土曜日午後の講演会であったので、当日朝の飛行機でも間に合ったが、講演会で話すにあたり市内の事情で確認しておきたいことがあり、前日金曜日に出かけた。高知市中心部の歩行者通行量調査の経年変化を見ると、中心の帯屋町周辺だけは通行量は増えているものの、中心市街地といえども他の地点では減少していた。高知市にはいろいろと好条件があるのに、人口が減少し、市内のごく一部の中心地以外歩行者通行量が減少しているのはなぜなのか。それにもかかわらず帯屋町から少し離れたはりまや橋からＪＲ高知駅に至る途中の高知橋南詰が増加しているのはどうしてなのか。それらのことを以前訪れた時と比較しながら中心部や周辺部の変化の状況を現地を歩いて肌で感じ、確認したかったのである。それを確認する前に、高知でも人情に触れ、美味しいお魚とお酒に満足できる旅になった。しかも、さらに平成三〇年秋にも企業研究所の調査で高知に伺う機会に恵まれ、またまた楽しく美味しい時間を過ごしてきた。

高知市という都市

南国土佐の高知市は、県の人口の約半分が居住する、地理上独立商圏を有すると思われる都市である。すなわち、特に高級衣料など買回り品については、より大きな都市が近隣にあれば、地元で買うよりも少し遠くても品ぞろえの豊富な店が多くある大都市にまで足を延ばす可能性は大きい。しかし、高速道路で都市間の時間距離は短縮されたとはいえ、高知市は大都市が遠く、通常ほとんどの商品は市内で購入されるであろうと想像されるのである。

市内には本丸が完全に残っている唯一の城、高知城がある。かつては国宝であったが、今は重要文化財というめずらしい城である。十七世紀初代高知城主となった山内一豊が糟糠の妻とともに出世した物語として平成一八年にはＮＨＫ大河ドラマ「功名が辻」が放映され、その効果もあって一時多くの観光客が市を訪れた。しかし、それにもかかわらず不思議なことに市内での消費は増加しなかった。ちなみに平成二二年の大河ドラマ「龍馬伝」では、観光客数、その消費額ともに上昇し、高知県の観光消費は三四二億円、経済波及効果は五三五億円にも上ったという。

市内中心部にはその他にも、日本中でおそらくは誰も知らない人はいないが、しかし行ってみるとちょっとがっかりするということで有名な？「はりまや橋」もあるし、郊外の桂浜には坂本龍馬像などもある。少し足を延ばせば、仁淀川や四万十川の清流もあれば室戸岬も足摺岬も十分な日帰り圏で

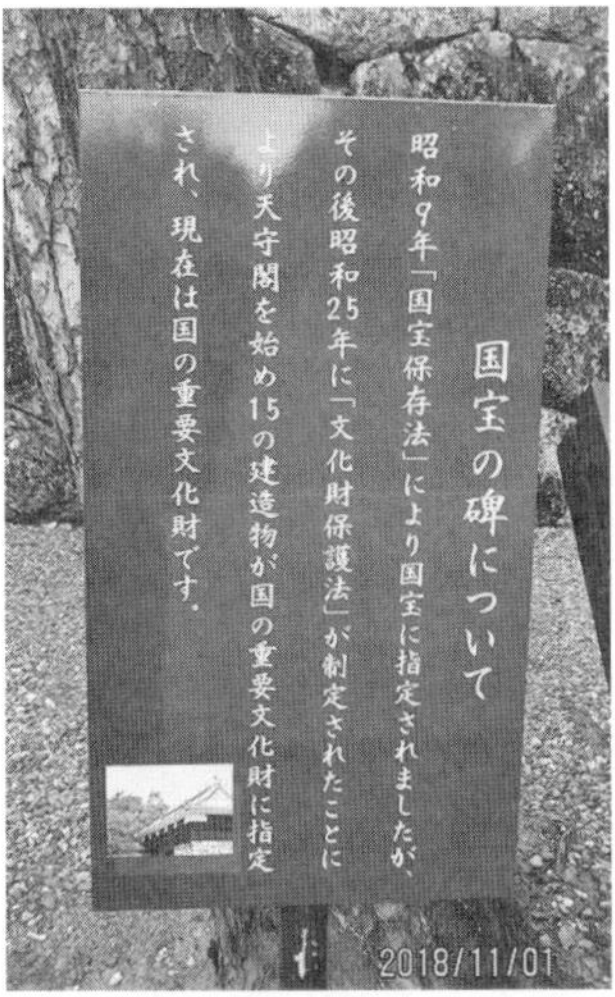

国宝から重文へ

国宝高知城石碑

はりまや橋

ある。しかも、外洋に面している高知は、大型船の寄港も可能であり、観光面では今後インバウンドの来訪も期待できる、伸び代の大きな都市ともいえよう。他方で、これだけ地元には美味しい味があるのに、適当な土産物がない。秋ならば文旦や新高梨を送ることもできるであろうし、芋けんぴは郷土の味かもしれないが、酒、酒肴や果物などを除くと他に気楽に持ち帰れる適当な手土産品が頭に浮かばない。観光客の増加に加え消費の拡大を考えるならちょっと土産に買って帰りたい一品の開発は今後の発展には不可欠のようにも思えた。

高知の街路市

高知市中心部では街路を変えて日曜、火曜、木曜、金曜と毎日のように青空市がたつ。高知市の調査によれば、街路市の年間販売額だけでも平成二九年度には二十億円に近いという。さらに出店者がこの収入を得て市内で買い物をすることを考えると経済効果は大きい。平成三〇年秋に市役所の方のご案内で市役所前の木曜市を見学した際には、高知名物秋のタケノコ四方竹や生姜、にんにく、里芋、はやとうりチャーテなどの野菜とともにメロンほどの大きさのある名物文旦や新高梨、さらにはやけど切り傷などの万能薬という「たぬき油」まで売られていた。宅急便で新高梨を送り、「たぬき油」を半信半疑のまま買って帰ったが、その後やけどをした時には効いたように思った。

このように豊富な品が並ぶ街路市は、一般市民のほか内外観光客や先生に引率され百円の買い物券をもって買い物体験をする園児など多くの「買い物客」で賑わっていた。しかし、近隣の居住者が新鮮な野菜等を買う場所としてはよいとしても、例えば四方竹やチャーテは珍しい食材であるが、いくら美味しそうでも観光客が買って持ち帰るであろうか。そもそも料理方法もわからない。近くに買った地元野菜などを高知流に料理してもらえる店があれば、観光客は手軽に食べることができるし、既存商店、商店街をわずかとはいえ元気にできるのではなかろうか。

最近では出店者の高齢化が進み、出店数も減少傾向にあるという。高齢化によって農作業が難しくなり、農産物を運び販売できなくなり街路市から撤退するというのは、継承者がいなければ当然起こる現象であろう。しかし、逆に農業に興味があり、自分の生産した農産物を販売したいというような「起業」したい若者もいるのではなかろうか。外からそうした若者を積極的に迎え入れ、参入してもらえるような方策を講じれば、街路市は経済効果だけでなく人口の増加にも寄与するようにも思う。

酒豪が多い男女共同参画のまち

以前、日曜市の様子を見に午前一〇時頃出かけた折に、市近くのひろめ市場に立ち寄ってみた。ひろめ市場は約六十店の飲食店や土産物屋が出店している地元市民にも観光客にも支持されている人気のスポットである。覗いてみると朝からアルコール飲料を飲んでいる人たちを多く見かけた。市場は朝が早いから、いや、たまたま日曜市に来た

木曜市

観光客が飲んでいるのだろうと深くは考えなかったが、以後いろいろと聞いてみると、高知では「普通の人」でも朝から飲むことが少なくないという。たしかに高知市の発泡酒系アルコールは量、額ともに日本の平均の約二倍でよく飲むには違いがない。外で消費する酒代も全国平均の倍である。男性と同様お酒を飲む女性が多いというのもこうした数字に表れているのかもしれない。『なぜ酒豪は北と南に多いのか』の著者小林明氏によれば、酒豪は東北、九州、四国に多く、その内高知県は酒豪率では全国十位に位置するという。

ひろめ市場

高知の料理

　大皿に名物の地魚の刺身、たたきから寿司、煮物など様々な食材が盛られた豪華な高知名物の皿鉢《さわち》料理は、実は料理をまとめて出すことによって小鉢や皿に次々と料理を用意しなければならない女性たちも酒席に加われるようにという配慮から生まれた料理であるという。高知ならではの発想であろうか、なるほどと頷いてしまう。

共稼ぎが多いのも高知市の特徴である。共稼ぎ率は全国平均が五十四パーセントであるのに、高知市は六十パーセント余である。共稼ぎが多いのは高知市のコンパクトシティ形成とも関連していると思われる。すなわち夫婦で働こうとすると、両者の職場位置を考えて住居を定めるであろう。夫婦の職場が近隣なら一緒に通勤すればよいが、市内とはいえ離れていれば両者の都合のよい住まいは、どちらにも通いやすい都心からそう遠くない場所、あるいは都心に通いやすい、定時に頻繁に運行されるとさでん沿線など一定地域への居住が高まると思われるからである。高知市内の不動産物件の価格が全国の同規模都市に比べて多少高いのもこのようなことが影響しているのかもしれない。

高知市の買い物事情

四国では徳島県で、近隣に商店がなく、移動手段も限られるため、日常的に必要な食糧調達が難しい「買い物難民」の高齢者に対して移動販売車が登場したというニュースが以前流れた。「買い物に便利」は住みやすいまちの条件の上位三位までに必ず入る条件であり、これが満たされなければ流入人口は望めず、人口減少を引き起こす要因にもなろう。前述のように高知市では毎日のように街路市が開かれ、その多くでは日常必要とする食料や生活品が商われている。市内にはバスだけでなく、今全国的に注目されている路面電車が走り、少なくとも中心部やその周辺での買い物には便利なようにも思う。しかし、地域の中で遠方まで乗り物に乗って出かけなくても買い物ができるスーパーマーケットがあれば、高齢者にはなお都合がよいであろう。しかるに高知には高知市の住宅地や周辺市等で二十一店舗を展開するサニーマートというスーパーがある。見学させていただいた山手店は食品スーパーながら広い売り場面積に豊富な品揃いであった。新鮮な魚に対する買い物客の目利きは鋭く、午前に展示した商品は多少時間がたっただけで午後には値引きをしなければ売れなくなるという。それは逆にこの店の値引きのない魚はより新鮮で美味いという市民の店や商品への信頼にもつながったという。

こうした市民への細かな対応のほか、サニーマートは近隣に食料品店がない「買い物難民」に対し「とくし丸」の移動販売を支援しているという。移動販売は冷凍・冷蔵品などを積載、陳列できる特殊車など個人事業主の負担で行われており、こうした大きな投資をした事業主にとって怖いのは売れ残りが出ることである。前回の販売時に希望を聞き、それを届け販売するので売れ残りは多くないというが、少ないといっても個人事業主にとって大きな負担となる。それをサニーマートが引き取るというのがすごい。

高知市の味

平成二九年の講演の際高知市の到着は講演前日の夜であったので、まずは夕食で高知の味をいただきたいと思い、宿までのタクシーの中で教えてもらった市内で旬の魚の美味しいお店「明神丸」と「おらんく家本店」についてホテルで聞いてみた。両店ともかなり地元でも人気があり予約した方がよいと言われ、これは良さそうだと確信した。しかし、どちらの店がよいのか決め手はない。藁焼きカツオたたきの店「明神丸」にもひかれたが、なんとなく土佐弁でおそらくは「俺ん家（おれんち）」という意味であろう「おらんく家」という店名に引かれて予約してもらい出かけた。はりまや橋からほど近いその店は表構えが華やかな御鮨屋さんで、一階は入り口から奥へ一直線のカウンターが続いていた。なるほど一階のカウンター席はほぼ満員で、一席残った入口から比較的近い席に座った。

そこではまずお目当ての主に土佐清水に水揚げされることから、通称「清水サバ」と呼ばれる地物のサバを注文した。東京の居酒屋でいただくサバはしっかり酢で締められたものが多く、その身にはたいてい「しこしこ感」はない。しかし、清水サバは違う。生臭さも微塵も感じられない。その他にイワシの稚魚の「どろめ」、アナゴの稚魚の「のれそれ」等の珍味をいただいた。どちらもどうしてこのような名がついたのか明らかではないが「どろめ」はどろどろとした食感であった。ウツボの柳川も絶品であった。とにかくうまい。お酒はまずは店の名物冷えた竹酒から始めた。実に穏やかで魚にあう。次に「土佐鶴」の「銘鶴」を同様に冷酒で、こうなると止まらず「司牡丹」の「船中八策」へと進む。これまた個性の強い酒なが

おらんく家本店前

ら実に高知の魚を尊重するがごとき酒であった。

このような調子で飲んでいるといつの間にか隣の地元南国市の御夫婦とお友達の三人組と話すようになった。実に気さくな方々で、まさに「世代を超えて垣根を作らない」といわれる土佐人の見本のようであった。「どろめ」や「のれそれ」を知っていることに驚かれ、酒と同時に話も進み、楽しいひと時を過ごさせていただいた。平成三〇年に出かけた折にも三人で駆けつけてくれた。カツオは刺身に塩たたき、脂ののった若クロマグロヨコワ、大ぶりのアジ、美味しい魚にはやはり「船中八策」、楽しい会話とともにそれらがハーモニーを醸し出した。楽しい会話も料理と酒の味を引き立ててくれるものであると思った。ますます高知が好きになった。

竹酒とウツボの柳川

高知市の強み

このように魚が美味しく、酒がうまい。これだけで人を呼べそうに思うが、高知市の人口は減少傾向にある。人口を増加し、消費を拡大し、高知市を活性化するにはどうしたらよいか。もちろん簡単に答えは出ない。しかし、市のもっている強みを生かすことを考えるべきではないか、というのが私の基本的な考え方である。

高知市や高知県は豊富な観光資源を有しているとはいえ、二度、三度のリピーターの獲得を考えるなら、少し広い地域での観光を提案し、周辺県あるいは四国全体で外国人観光客を含め遠来の客の受け入れを検討してみてはどうか。バラエティに富めばそれだけ来訪の可能性が大きくなり、協力し合うことで宣伝費も分担、軽減できる。

遠方からの日本人の来訪者の増加を目指すのには四国は協力し合える資源を有している。お遍路さんである。四国霊場は四国四県にあり、そこを巡礼するお遍路さんたちの来訪は少なくとも消費の拡大にはつながるはずである。協力して多くの遠来の客を迎え入れ、四国に来た客を四県で、より多くの来訪者がより多くの時間滞在し、消費してくれるよう競い合う。十章でも同様の提言をしたが、協力して競争する、二つの「きょう」で遠来客の集客・消費効果は増幅するようにも思う。郊外を車で走っていると外国人のお遍路さんを随分と見かけた。工夫すればまだまだ内外を問わず観光客誘致は可能であるように思われるのである。

四国は温暖な地である。北の札幌なども魅力的な都市ではあるが、冬の寒さは厳しい。京都や金沢なども美味しい食べ物という点では捨てがたいが、なかなかよそ者が入りにくい難点もある。高知は人情に厚く、食べ物が美味しく、県や市の出身者でなくとも一度行ったらやみつきになるようなまちである。まして生まれ育った人なら、自由の身となったなら帰りたいという思いがどこかにあるのではなかろうか。首都圏や関西圏で働きリタイヤした県出身者を積極的に迎え入れる、すなわち消費の分母を増やすことも、市経済の活性化には有効であろう。それほど難しいことではないように思うが、一般的に条件の良いところほどこうしたことに消極的なように思う。

おわりに

平成三〇年秋に訪れた折疑問に思っていた高知橋南詰の歩行者通行量の増加の理由を到着翌日確かめに現場に出かけてみた。しかしこの疑問への答は明らかではなく、講演会の際に会場の中央大学卒業生に尋ねたところ病院ができたせいではないかとのことであったが、翌年再度出かけてみたが人通りは多くなかった。しかし、朝の散策のついでに、いかにも地元商店街の雰囲気のある、その名も何となく日本の地名とは思えない「ウォンタナ」魚の棚商店街に立ち寄ってみた。商店街中心部と電車通りを挟んで位置する地元の情緒ある商店街である。データでは商店街の中心部から少し外側に出るだけで歩行者通行量が少なく、以前訪れた折には失礼ながら以後の動向には一抹の不安があったが、心配していたほどの変化はなく、ホッとした。それどころか、全国的に有名な高知城下の日曜市だけでなく、木曜市の賑わいからは高知市の元気さが伝わってきて嬉しくなった。

夫婦ともに働く共稼ぎ夫婦は、総じてよく働くというが、他方で朝からでもお酒を飲み、その消費量は多い。しかし、アルコールへの消費額は全国平均と比較して高くない。上手にお酒を楽しんでいるということであろうか。土佐の男性は「いごっそう」と呼ばれ、多少頑固だが、情熱的できっぷの良さがあり、女性は「はちきん」ちょっと短気だがさばさばしていてたくましいという。ともすると対極に捉えられたりもするプライベートと交遊ではあるが、高知では男性は豪快で大胆に、女性はそれに対応しながら、夫婦ともに家庭生活を大切にしてともに楽しみ、同時に人の輪を育んでいる感がある。人情に厚く、美味しい料理、うまい酒に恵まれた高知は、もっともっと元気になれる市のように思った。続けて訪れた折「南国土佐を後にして」率直に感じたことであった。

第一六章　下関市

はじめに

下関市には観光で何度も出かけてはいたが、その後、研究所の調査で伺い、平成二七年にはゼミの調査合宿でお世話になった。いずれも下関市立大学の先生にご協力、ご支援をいただいたが、ゼミ合宿の折には下関市役所の産業振興部の方々が下関市の現状について資料を提供し、丁寧に説明して下さり、ゼミ生の質問にも答えて下さった。

研究所の先生方やゼミ生と市内を歩いてみると観光やフグを食べに訪れた時とは異なる下関の姿、あるいは市の発展には克服しなければならないと思われる課題なども見えてきた気がした。久しぶりに令和四年春に訪れて、かつて感じたこととも併せ、下関市を散策しながら考えたことなどを書いてみたい。

下関市という都市

　山口県の最西部に位置する県内最大の都市下関市は、明治二二年（一八八九年）に日本で市制を施行した三一市の一つで、当初の赤間関市から明治三五年に現市名となった。九州側の門司と関門海峡を挟んで向かい合う九州から本州への玄関口である。幕末維新期には、関門海峡を航行中の米仏蘭の商船を攻撃した下関砲撃事件や長州藩と英仏蘭米間で勃発した下関戦争、明治二八年に締結された日清講和条約すなわち下関条約など歴史上にしばしば登場する都市である。明治四五年には新橋との間が特急列車で結ばれ、その所要時間は三七時間余であったという。

　関門海峡には横断橋もトンネルも複数あるが、海峡下を歩いて通れる関門トンネル人道についてはあまり知られていないような気がする。ゼミ合宿の折には門司港まで歩き、レトロな門司港駅を見に行ったが、工事中であった。もしかしたら駅ビルに建て替えられるのではないかと心配したが、保存されると聞いて安心したのを鮮明に覚えている。ちなみに、門司港駅は九州の旧国鉄、ＪＲの起点であり、駅舎は大正三年（一九一四年）建設の木造ネオルネサンス様式で、国の重要文化財に指定されている。この周辺には大正六年に建設された国の有形文化財に指定されている旧大阪商船門司支店や、旧門司三井倶楽部、門司電気通信レトロ館などレトロな雰囲気を醸し出す歴史的建造物がある。バナナの叩き売り発祥の地でもある。さらに、この地域には建築家黒川紀章氏設計の高層マンションがあり、三一階の展望室からの眺めは素晴らしい。

関門トンネル人道は無料で歩いて横断できるが、入口は下関、門司どちらも市街中心部からは離れた関門橋近くにあり、両市の中心市街地間移動にはだいぶ遠回りになり、時間もかかる。片道四〇〇円の運賃はかかるが、二〇分毎に運行される関門連絡船なら、唐戸市場から門司港周辺のレトロ地域まで五分で行けて便利である。

下関というと真っ先に頭に浮かぶのはフグではなかろうか。市内の南風泊《はえどまり》市場はフグの取扱量日本一で、布袋に手を入れあって指先で値段を決める独特の「袋せり」も有名である。意外なことに、もう一つの冬の味ともいうべきアンコウも水揚量は令和元年には七〇〇〇トン弱で、二位の島根県浜田市の二〇〇トンを大きく引き離し、ぶっちぎりの日本一である。このように、下関は有力な漁港でもある。しかし、市内でアンコウの話はでなかったし、もちろん下関でアンコウ鍋を食べたことはない。

JR 門司港駅

バナナの叩き売り発祥の地

下関市の工業出荷額は平成一六年以降五〇〇〇億円を超え、順調な展開をしている。しかし、人口は昭和五五年（一九八〇年）には三二万五〇〇〇人余であったが、平成一七年には三〇万人を割り、令和五年には二五万人程に減少した。約四〇年間で七万五〇〇〇人の減少である。しかも若年人口の市外流出が多いのも気になるところである。下関は本州最西端の都市であるが、経済圏としては北九州地域の一部に位置付けられ、鉄道でも車でも容易に大都市北九州市や福岡市に出かけられる。高級衣服など買回り品は小倉や博多で購入されることも多いという。それどころか、平成二二年の昼間流出者の四七パーセントが北九州に通勤通学しており、そうした環境も市の人口流出や商業活動の低迷の大きな原因であると思われる。

第三次産業が経済の三分の二を占める商業都市ではあるが、小売業の店舗数は昭和五四年の五五〇〇店余から、平成一四年には三六〇〇店余に、平成二八年には二〇〇〇店余に急減している。従業者数も平成一四年から二八年にかけて約五〇〇〇人減少している。店舗数の減少の割には従業者の減少が顕著でないのは、小規模店の大幅減と大型商業施設の進出によるのであろう。

市の郊外、国道一九一号線沿いの眼下に和久漁港を見下ろす丘の上には、平成二四年の開業以来年々来場者を増やし、令和元年には四〇〇万人の来場者を達成し、トリップアドバイザーが選ぶ「行ってよかった道の駅」日本一にも選ばれた道の駅「北浦海道豊北」がある。一見他の道の駅と変わらない様相だが、とれたての地魚が食べられると人気で、平成三〇年の来場者は六〇万人、売上高は九億円にも達したという。この近くには平成一二年に開通した写真映えする全長一七八〇メートルの角島大橋や日本の灯台五十選にも選ばれた角島灯台などの観光スポットがあり、来訪する観光客の立ち寄りも多いのであろう。ただ市内とはいえ、市の中心部からは車で一時間はかかる。

東京から出かけようとすると、空路は宇部空港か北九州空港となるが、空港からはかなり遠い。かつて冬のある日、午後から翌日一日が空いたので思い切ってフグを食べに下関に出かけたことがあった。宇部空港に夕方着いて、少しでも早く下関に行きたかったのでタクシーで移動したが、時間もお金もだいぶかかったのを覚えている。公共交通のバスでは一時間一五分程かかる。北九州空港から下関には直行のバスはなく、一旦小倉駅まで三〇分程バスに乗り、JRに乗り換えて一〇分余であった。新幹線も東京からの直通はなく、広島で各駅に停車するこだまなどに乗り換えて新下関駅経由で下関駅までは五時間半以上、小倉から在来線に乗り換えて下関駅へ戻るというルートをとっても五時間余かかるなど首都

関門連絡船唐戸ターミナル

道の駅「北浦海道豊北」

圏からは意外なほどに「遠い」都市である。

下関からは一日一便韓国釜山へのフェリーも就航しており、福岡港とともに韓国への海の玄関口でもある。このように、国内外からの観光客などを受け入れる港や新幹線駅、少し離れてはいるが空港もあるのだが、少なくとも首都圏からは時間がかかり気軽に行ける感じはしない。

下関の観光

下関は韓国に近い都市であり、下関駅前には韓国風の「釜山門」を入り口としたリトル釜山とも呼ばれるグリーンモール商店街があり、韓国料理の店が並ぶ。市内中心部近くの活気にあふれる唐戸市場は、一四〇店余が商う市民の台所であり、特に冬場はフグ目当ての多くの客が集まり、観光客がフグをはじめとする新鮮な魚介類を買い求めたり、お昼にそれらをいただいたりする下関の名所の一つになっている。市場の中央通路では週末祝日には市場の卸売商などが中心となって新鮮な魚介類、お鮨の屋台「活きいき馬関街」が展開する。客はトレーに鮨を載せ、屋台をはしごする。

唐戸市場

唐戸市場に隣接した海沿いには、フランシスコ・ザビエルが京都に向かう途中下関に上陸した記念碑がある。市場近くには、重要文化財に指定されている明治三四年（一九〇一年）設置の旧下関英国領事館の建物があり、また、近隣住民、市民だけでなく観光客にも人気があるというアシカやイルカのショーなどで人気の下関市立の水族館の海響館もある。海峡に沿って少し南西に歩くと海峡が一望できる海峡ゆめタワーがあり、最上階の高さ一四三メートルの展望台からは眼下に高杉晋作像の立つ日和山《ひよりやま》公園などが見え、眺望も夜のライトアップも見事である。

唐戸市場から北東に海峡沿いの道を行くと竜宮城の門のごとき豪華な門の赤間神宮に出会う。さら

ザビエル上陸記念碑

旧下関英国領事館

海峡ゆめタワーから関門橋をのぞむ

に進んで九州とをつなぐ関門橋関門自動車道をくぐれば、源平合戦の壇ノ浦の古戦場である。ちなみに、下関と門司を結ぶ関門橋は全長一キロメートルにもおよぶ自動車専用の吊り橋で、関門海峡の象徴的存在であるが、海上から六〇メートルの橋上から見る、下関、門司も素晴らしい。

海峡ゆめタワー

海岸線を進んだその先の長府地区は古江小路など土塀の連なる五万石の落ち着いた城下町で、そぞろ歩きも楽しい。毛利家の菩提寺功山寺の鎌倉時代建立の仏殿は国宝である。長府毛利邸は明治二七年（一八九四年）に建設された重厚な武家屋敷造りで、四季の花の美しい回遊式庭園も春のつつじ、秋のもみじが素晴らしい。長府から西へ内陸に入ると大阪の住吉大社、博多の住吉神社と日本三大住吉といわれる住吉神社があり、その本殿は国宝、拝殿は重要文化財に指定されている。

古江小路

赤間神宮

唐戸の下関港から船で南に行くと武蔵と小次郎の巌流島もある。平成一五年のNHK大河ドラマ「武蔵MUSASHI」の放映に合わせて公園として整備され、武蔵と小次郎の決闘シーンの像も立っている。

このように下関には由緒ある文化財が多く残されているが、市内観光スポットは分散しており、一見観光しにくいようにも見える。しかし、その周遊には、一四四〇円で市内のバス移動はもちろん関門海峡を船で往復し、門司港のレトロな雰囲気も味わえる関門周遊パスポートが用意されており、公共交通を上手に組み合わせれば安く多くのスポットを巡ることができる。バスだけなら一〇〇〇円の一日フリー乗車券で旧市内の観光施設はあらかた回れる。若い観光客なら天気さえ良ければレンタサイクルでの観光も楽しいかもしれない。

下関市には、平成一七～二三年頃には年に六〇〇万人前

功山寺仏殿

長府毛利邸

後の観光客が訪れていたが、二四年には六六二万、二五年には六七五万、二六年には六八〇万人近くへと順調に増加している。しかも、観光客だけには限らないが、平成二一～二三年には旧下関市内だけで五五万人前後であった来街宿泊者数は、二六年には約六五万人に増加している。こうした観光客や宿泊者増加の原因は多様であり、一概にはいえないであろうが、その一つには、どうしても現地で味わいたい「食」、特に冬場のフグがあるように思われる。

下関の味

フグは毒が問題であったが、伊藤博文により日本で最初にフグ料理の公許を得たのが、春帆楼であった。その後、日清の講和会議、下関条約の会場ともなった。今では東京、大阪にも支店があり、下関まで行かなくともその味はいただける。ただし、さすがに高価である。下関といえばフグ、個人的にフグを食べに出かけたこともあったし、企業研の調査の際にも見事なフグのフルコースに舌鼓を打った。令和四年春に訪れた際にも、唐戸市場近くの魚正本陣でフグをいただいた。フグの薄切り刺身「てっさ」はもちろん白子焼きも舌の上でとろけ、トラフグのぶつ切り唐揚げも鳥のものようでしつこくない、なんとも絶妙の味であった。酒は下関児玉酒造の「菊川原酒」から始まり「大吟醸魚正」へ、どれも旨い料理になじむ酒であった。しかし、フグにはやはりひれ酒がつきものである。締めはフグのひれ酒にした。フグのひれをしっかりと炙《あぶ》り、そこにアツアツの日本酒を注ぐ。わずかな時間ふたをした後、そっと開けて火を近づけると青白い火が表面を走り、アルコールがとぶ。風味豊かで、穏やかなひれ酒は、フグ料理に実によく合った。

ゼミ合宿の折には、ゼミ生からは、高価なフグをいただくのは無理と思いつつも大衆的なお店でお刺身一切れでも食べて帰りたいとの切ない希望を聞いていた。ところが、下関市立大の先生が地元の水産大学校がよく利用するというお店を紹介して下さり、離れのような広い和室で豪華なフルコースの料理をいただくことができた。刺身も鍋も旨かったが、おのずと酒量が増え、盛り上がった。

魚正本陣

フグの薄切り刺身「てっさ」

意外といっては失礼かもしれないが、山口県の日本酒生産は盛んで、平成一八年から三〇年まで全国で唯一継続して出荷量を増やしており、平成三〇年の七月から翌年六月までの酒造年度には全国一〇位の生産量であったという。山口県の日本酒というと今では「獺祭」が有名だが、「獺祭」の旭酒造の売り上げ高は令和三年の九月だけで一四一億円を超え、輸出額は七〇億円にもおよび、新聞では同社の大卒初任給が二一万円から三〇万円に引き上げられたと報じられた。私は「獺祭」も好きだが、県内のお酒では宇部の永山本家酒造場の「貴」の特別純米直汲六〇初しぼりは旨いと思う。この原稿を書いていた時、たまたま昔の教え子から二〇一八年の純米大吟醸が届き、早速いただいてみた。まろやかでしっかりした酒の旨味が余韻のように口に広がった。酵母が生きているようである。宇部には他にも「東洋美人」という好みの酒がある。その大吟醸地帆紅《じぱんぐ》はしっかりした味ながら、くせがない酒という印象である。岩国市酒井酒造の「五橋」の純米大吟醸生原酒もきりっとした味でつまみは不要と思ったが、昨年の春たまたま手に入った京都長岡京市のタケノコの煮つけには実によく合った。

おわりに

下関市はフグをはじめ新鮮で美味しい魚介類が食べられる、歴史文化にも、景観にも恵まれた都市である。下関には、フグだけでなくアンコウの水揚量や「道の駅」などの日本一があった。本州山口県にありながら、北九州の経済圏の東端にあり、福岡市、北九州市との経済的なつながりが強く、朝鮮半島方面への海の玄関口でもある。恵まれた条件の都市ではあるが、ゼミ合宿の際駅前の周辺は閑散としていた。市の人口減少と買回り品購入の北九州地域への流出が続く中では市民の市内消費の増大促進は期待しにくい。市内の消費低迷に対しては移住を働き掛けて居住人口の増加を図ることも有効な手立てであるようにも思うが、市経済の活性化にはさらなる観光客誘致は欠かせない。名物としてフグが傑出した下関であるが、冬のフグのシーズンだけでなく、季節毎の魅力を発出して四季を通じて多くの観光客の来訪を促す工夫と、今以上に市内の滞在時間を延ばす戦略が下関経済には重要であるように思われた。

冬訪れる少し時間の余裕のある連泊の来訪者には、フグ料理の翌日はアンコウ鍋というのも魅力的な気がする。冬以外の季節なら、例えば夏には、旬のウニや剣先イカを売りにした観光誘致もあるのではなかろうか。かつて、下関土産といえば、新鮮な色のきれいなバフンウニ、甘みのあるムラサキウニに塩を加えアルコールで漬ける伝統的製法による瓶詰の粒ウニであった。高価ではあるが、ウニの香りがギュッと閉じ込められている。個人的な感想ではあるが、近隣の仙崎のかまぼこと合わせいただくと、日本酒のつまみに見事に合った。ウニの瓶詰は下関の土産物としてもっとアピールされてもよいようにも思うし、観光客にはもう少し積極的に生ウニを食べてもらう戦略があってもよいようにも思う。

特に首都圏から下関に出かけようとすると多少の交通上の不便はあるが、下関は「食」にも観光にも魅力があふれている。観光目的で市を訪れる観光客への新下関駅、宇部空港、北九州空港と下関駅そして観光施設間の移動に公共交通を利用して市内観光が上手にできる効率的なプランの設定だけでなく、長門湯本、萩、津和野、秋芳洞といった周辺の有名な温泉や観光地を訪れる観光客や、博多、北九州へ所用で来訪する人たちに下関への寄り道を働きかけるのも来街客増加に良い効果をもたらすように思う。周辺の自治体との地域間協力が実現すれば、それぞれの自治体は少ない経済的負担で、より広く外部発信が可能になり、より多くの観光客の発掘、リピーターの確保につながるのではなかろうか。行きにくいからこそ、行ったからにはしっかりと観光も「食」も楽しみたいというニーズにも対応したプランも有効であろう。年中いつでも、何回でも観光客が行ってみようと思えるようなアッピールを期待したいと思う。「おいでませ山口へ！」

第一七章 佐賀市

はじめに

佐賀市へはかなり昔観光で訪れたことがあり、また数年前にも研究所の調査で伺った。その折、朝起きてホテルのカーテンを開けたら窓のキャンバスには多くの気球が描かれていて感激した。その日はまさにバルーンフェスタ当日であった。その後、定年を迎える令和元年度に最後の学術講演会でお世話になった。大都市福岡市から特急列車で三十分余りの佐賀市が、現在どのような状況なのか、学術講演会で話をした内容に加え、市内の中心商店街や観光施設を実際に歩き、現地の味を楽しみ、市民からの情報をも併せ、佐賀市を訪れて感じたこと、考えたこと等を書いてみたい。

佐賀市という都市

佐賀市は佐賀県の県庁所在地、人口二三万人弱の都市である。出生数は全国平均を上回ってはいるが、出生数と死亡数の差である人口の自然動態は、平成一八年以降死亡者数が上回り、高校卒業時の十八歳、大学卒業時の二十二歳人口の県外の大学進学や就職に際する大幅流出とも関連して、人口は減少傾向にある。地元の石材店店主によれば佐賀市内の寺院は東京や大阪などへの転出者の墓地移転に悩んでいるという。特に首都圏など遠方への転出者の故郷回帰は難しいのかもしれない。しかし一方で、住民一人当たりの医師数は九州、沖縄で一位、自然環境にも恵まれた佐賀の住環境は決して悪いわけではない。それどころか市民アンケートでは住みやすい、住み続けたいと答えた市民が九〇パーセントを超えているのである。

国の重要文化財佐賀城鯱の門及び続櫓

工事中の佐賀城本丸歴史館

　最近十五年ほどで、市内の工業の事業所は半減したが、従業員数は一万人ほどを維持し、製造品出荷額は確実に増加している。近年の県民経済力も順調に成長しており、潜在的な購買力は向上しているように思われるが、市内中心商店街の歩行者通行量は半減し、空き店舗率も総じて高い水準にある。ここには、他の多くの地方都市と同じように佐賀市が抱える問題点が浮かび上がる。すなわち、市民アンケートによれば市内公共交通、特にバスへの改善要望が八三パーセントにもおよび、買い物環境への満足度も五〇パーセント余であった。観光客にとっても市内移動には公共交通機関が必要であり、その不備は外来者の旅行途中での立ち寄りを躊躇させることにもなろう。

佐賀藩の城下町として発展してきた佐賀市内での観光では、やはり、重要文化財の鯱の門や続櫓などのある佐賀城公園が代表であろう。佐賀城本丸歴史館は佐賀藩第十代藩主が再建した本丸御殿を復元した施設で、日本の近代化の先頭を走った佐賀の歴史は見ごたえがある。市内にはその他にも早稲田大学の創設者大隈重信記念館や佐嘉神社、旧古賀銀行の佐賀市歴史民俗館など歴史的な観光資源は多い。しかし、遠方から来てそれほど長時間見学して回る施設が多いかというと、そうとはいえそうもない。

だが、佐賀市には他にも強みがある。佐賀市は、福岡市、長崎市、佐世保市、熊本市のおおよそ中間地点に位置しており、しかも周辺には嬉野温泉や武雄温泉などの温泉地、吉野ヶ里遺跡、掘割のまち柳川等の観光地や有田、伊万里、唐津といった海を渡って伝えられてきた陶磁器文化で名高い都市が点在しており、観光周遊の中心地として、また大都市福岡市に通勤可能な優良な住宅都市としても価値の高い都市である。

佐賀市の変化

　以前首都圏からは福岡空港経由で地下鉄、ＪＲを乗り継いで出かけていたが、便数は少ないものの佐賀空港ができ、バスで直接市内に来ることができるようになった。それによる経済効果等はわからないが、おそらくは直接東京とつながることに意味があるのであろう。北部九州では、福岡空港の拡充が進めばそれでよいようにも思えたが、福岡市が発展したのは空港があったからだとする発想が各地に空港が作られる原点にあったとも聞く。佐賀空港以外にも北九州空港や長崎空港等の整備が進められ、それぞれの都市は首都圏など大都市と直接結ばれた。

　市内では佐賀駅から南に唐人町一丁目から佐賀県庁に至る中央大通りが中心商店街であるが、近年大幅に歩行者通行量を減らした。講演会の際に大通りの状況を土曜、日曜の朝見てきたが、雨のせいかやはり通行量は少なく、活気という点でも少し元気がないように感じた。データでは近年の空き店舗率は二〇パーセント程度であったが、実際に歩いてみても「テナント募集」の張り紙が目立った。平成一二年に佐賀駅から四～五キロメートル、バスで十五分程のところに二六〇〇台の駐車場を有

イオンモール佐賀大和

するイオンモール佐賀大和が開業し、以後拡張された。平成一八年には駅から二キロメートル程の地に三〇〇〇台の駐車場を有するモラージュ佐賀、六〇〇〇台の駐車場のゆめタウン佐賀と、二つの大型店が相次いで開業したこととも関係があろう。それらは基本的に午前一〇時から夜九時までと営業時間も長く、特に仕事帰りの会社員には便利であり、また、自家用車を利用して子供連れで買い物をするヤングアダルト層にとっては何でも揃う大型量販店は中心市街地より魅力的である。

しかし、中央通りの中心商店街には佐賀玉屋百貨店もあり、佐賀市周辺から仕事や買い物に来る一日の流入人口は三市四町だけでも一五〇〇〇人にも及び、店舗構成も高級衣料を扱うブティックのような買回り品の店が二〇パーセント弱を占めるなど、外部から人を引き寄せる中心性を持った広域型の商店街の側面を維持しているように見える。ただ、近年では日用雑貨、薬品など日常生活に必要な品を購入する地域型の性格を強めているようである。

佐賀の味

佐賀といえば佐賀牛が頭に浮かぶ。隣県長崎牛同様、九州の和牛は確かにうまい。しかし、東北地方にも、中部地方や近畿地方にも、様々なところに自慢の和牛はある。首都圏に住んでいると、周辺では食べることのできない物を九州に求める。とすると佐賀といって思い浮かぶのは唐津呼子のイカであろうか。東京でいただくイカとは明らかに異なる新鮮なイカが一ぱい、足に鼓動を残しつつ横たわる。その透明感がいい。歯触りが素晴らしい。しかし、唐津は佐賀県ではあるが、佐賀市とは江戸時代には藩も異なった。佐賀の味といっても、これらはみな佐賀県の味であって佐賀市の味ではない。佐賀市の料理に限定してみると、近隣の柳川が発祥といわれるウナギのせいろ蒸しや「まかないめし」が原点というシシリアンライスであろうか。シシリアンライスは昭和五〇年頃から「名物」となったという。学術講演会当日、県庁の最上階で市内を眺めながらいただいた。ご飯の上に甘辛味で炒めた薄切り肉と玉ねぎを載せたものをレタス、トマト、キュウリなどの野菜で覆い、その上にマヨネーズがかかっている。その中に温泉卵が隠されていてそれらを混ぜていただくのだが、揚げた薄切りレンコンの触感とともに口に広がる味のハーモニーがいい。佐賀での昼食にはぴったりの感がある。しかし、この味を目的に遠来客は呼べそうにない。じっくりと夕食を楽しむとすれば、佐賀牛かウナギのせいろ蒸しということになるのであろうか。

県庁最上階のレストランから佐賀市内を眺む

土産物はどうか。佐賀から帰宅時、市の名物を購入して土産にしようと思ったが、佐賀市独自のお菓子といえばポルトガル伝来の焼き菓子マルボーロであろうか。しかし、土産物売り場を見渡してもこれこそが佐賀のお土産という感じはせず、これまたどうしようかと考えたのは事実であった。企業研究所の調査で伺った折には、大和町の酒蔵大和酒造でヒヤリングを行い、その際の試飲で佐賀の米と水一〇〇パーセントで作られた酒の味に感動を受け、お勧めの四合瓶を何本か自宅に送った。学術講演会の折にも工場敷地内の観光酒蔵、「ぎゃらりー大和」を訪ねたが閉まっていた。後で知ったことだが、土曜日は予約があれば開け、日曜日は休業とのことであった。集客を意識するなら土日営業は普通のことと思うが、それが会社の都合であるとすれば、ちょっともったいない気がした。どれほど酒造会社が品質に自信をもっていても、飲み手それぞれの好みに応じた酒の良し悪しは味わってみなければわからない。その機会をできる限り提供し、共感が得られた人には積極的に販売し、その輪を広げる努力をするべきではなかろうか。レベルの高い美味しい日本酒であることが外部発信力になるのはわかるが、もう少し積極的な販売姿勢があってもよいように思った。

シシリアンライス

それでめげないのが筆者である。佐賀で有名な酒屋さん、古川商店に出掛け、そこから四本の佐賀の地酒を我が家に送った。その内の一本が、歌舞伎で有名な「弱きを助け強きをくじく」幡随院長兵衛の子孫という店主ご推奨の「東長」である。この酒の命名は大正時代の首相原敬であり、戦後、GHQ総司令官マッカーサーもその味に魅了されたという逸話が残っている。嬉野市のものだが、佐賀の米、水から丁寧に作られた深い味わいのある酒であるという。結局、「東長」のほか、鹿島市の「蔵心」など、佐賀県の酒ではあるが、佐賀市以外の酒を送ってしまった。ちなみに古川商店では隣県福岡の日本酒ではあるが「幡随院長兵衛」も買える。

帰宅後、「褒紋東長」純米大吟醸と「肥前蔵心」の純米吟醸を味わってみた。「東長」はまろやかな酸味を伴いながらスッキリした口当たりの、それでいて芳醇なお酒であった。「蔵心」は、香りはフルーティで口に含むと一瞬穏やかながら、力強い吟醸の味が特徴的であった。佐賀の酒には深い味わいがあったが、佐賀でご当地の肴とともに味わったなら、もしかしたらより一層の味わいを醸したのではとも思った。

ぎゃらりー大和

おわりに

佐賀は気候が温暖で、周りを見渡せば美味しい食材がたくさんあり、意外なほどに美味しい日本酒もある。九州は焼酎文化のようにいわれるが、特に九州北部にはうまい日本酒があるのである。佐賀牛も確かにうまい。しかし、佐賀市独自の、佐賀だから味わえるという料理には出合えなかった。有明海の海産物など豊富な郷土の食材があり、日本酒にも合う隠れた佐賀の味覚や家庭の味があるように思うが、もう少しこれが佐賀の味というものを遠来の客たちに強調してもよいのではなかろうか。

市内には観光資源もそれなりに揃っている。さらに、福岡、長崎、佐世保、熊本という周辺都市とも四十〜六十キロメートル程度の距離にあり、周辺には吉野ヶ里遺跡、陶磁器の里など遠来の客を楽しませる場所もある。観光客数は順調に伸びているし、今後も観光客誘致は進展するであろう。このように近県都市、県内地域の中心であるという佐賀市の立地条件を生かした観光戦略も考えられるのではなかろうか。例えば、北ドイツの人口一八〇万人の都市ハンブルクの観光局の提案は四泊五日の旅行である。しかし、市内にそれほど多くの観光資源はない。すなわち大きな荷物をホテルに置いて身軽に、一日は市内観光、しかし翌日からは市の周辺にある観光都市を巡り、夕食はハンブルクでとり、宿泊するという提案である。これなら市内の滞在時間は長くなり、それに対応した消費も期待でき、しかも宣伝費も周辺市と分担できる。佐賀市でも遠来の客には大きな荷物を市内宿泊施設に置き、周辺の都市や地域を身軽に観光して歩いてもらう、そんな提案もよいのではなかろうか。加えて観光客を魅了する佐賀市ならではの美味しい味があれば、観光客の消費額は増加する。それがもう一度佐賀に来て味わいたいという料理であるならリピーターも生み出すであろう。周辺観光地での観光を主目的でやってきた観光客であっても、帰路最後に思わず買ってしまいそうな市の名物、名産品があればまとめて土産を買って帰るかもしれない。佐賀には美味い地酒があるが、航空機での移動には不都合であるし、壊れやすいし、重い。軽くてコンパクトな気軽に持って帰れる土産物があれば、消費はさらに伸びる。

佐賀市はなんといっても大都市福岡市に近い。医療が充実し、自然が残る居住環境が良好で、少なくとも中心市街地周辺、近郊なら買い物に不自由することはなかろう。しかも不動産価格は福岡市に比べかなり低廉な都市である。消費者の分母を増やすには、福岡への通勤者を支援することで佐賀市民を維持あるいは増加を目指すのもよいが、福岡市中心部の企業に近隣から通勤していたリタイヤーを積極的に受け入れる取り込みも有りではなかろうか。リタイヤーなら雇用先の心配はいらないし、福岡市内の不動産所有者がそれを処分して佐賀へ移住すれば豊かな生活ができると思われる。それまで暮らしていた地域の友人と会うのにも問題はなかろう。しかも、佐賀は平坦な土地であり、将来多少歩行に不安が生じても外出しやすいなど高齢者になっても住みやすいまちともいえよう。市の保健、医療費などの支出増の可能性は増すかもしれないが、消費が増し、もしかしたら、将来には介護などの分野で若者の雇用も増えるかもしれない。

もうだいぶ前になるが、佐賀の祖母のもとで育った漫才師B&Bの島田洋七の『がばいばあちゃん』が話題になったことがある。その名言の中の「後ろを向いていては歩きにくいから前を見て歩け」、「明日明後日のことばかりでなく、一〇〇年、二〇〇年先のことを考えろ」には佐賀人の生き方が示されているようにも思う。佐賀弁の「がばい」の本来の意味は「とても」かもしれないが、想定外に「すごい」でもあろう。平成一九年佐賀北高校が有力校をおさえて甲子園でがばい旋風を巻き起こしたように、市民が市に対する熱い思いを結集し、維新の際の進取の気性を忘れずに努力と多少の工夫をすれば、「がばい」佐賀市の実現は難しいことではないように思うが、いかがであろうか。

第一八章　長崎市

はじめに

平成二五年に長崎市でゼミの調査合宿を行った。ゼミのＯＧが前年に長崎市役所に就職していたので、忙しいことは承知していたが協力をお願いしたところ、関連部署の方々が学生たちの希望した資料を提供してくださり、市の現状全般についてデータを交え丁寧に説明してくださった。

これまでにも何度となくプライベートで長崎、佐世保や五島列島などには来ていたが、それはやはり長崎市や周辺の観光地などに魅力があったからである。しかし、調査のために学生とともに長崎市を訪れ、市役所の方のお話を伺い、街を歩いてみると、観光で見るのとは少し異なる長崎市の姿が見えてきた。そんな長崎をゼミの最後の卒業生の結婚式で再訪するのを機に、長崎で改めて感じたことなど書いてみたいと思った。コロナ禍で延期となった結婚式は令和四年六月に行われ、長崎に出かけてみると、長崎駅が在来線の高架化とともに新築され、西口駅前広場が整備されていた。その周辺はコンベンション施設の建設やジャパネットによる長崎スタジアムシティプロジェクトなどで大きく変化しつつあるようであった。変貌を遂げつつある長崎で、これまでの記憶に残る長崎を思い出しつつ考えたことなど書いてみたい。

長崎市という都市

長崎市にはオランダ、ポルトガルやフランスの名誉領事館がある。古くから外国への玄関口として栄えてきた名残であろう。その長崎市は、昭和四〇年代後半には人口約五〇万人に達したが、現在に至るまで人口は減少し、令和六年の人口は三九万人程の中核市である。

以前は首都圏から長崎には福岡空港を経由して出かけることが多かった。福岡空港はＪＲ博多駅へのアクセスも良く、長崎まで出かける際もそれほど時間がかかるとは感じなかった。しかし、乗り換えもあるし、ＪＲだけで二時間余かかったのは事実である。それが、現在では、長崎新幹線開業で一時間半程となり、隣接する大村市にある長崎空港から長崎自動車道及び長崎バイパスを経由すれば三十五分程で到着できるようになった。便数も内外のアクセス空港も多くなり、首都圏だけでなく遠方からの来訪には便利になった。そうした影響もあってか、観光客数は、平成二二年に六〇〇万人台を超え、平成三〇年には約七〇五万人に達し、そのうち二六六万人が宿泊客で、前年比で四・三パーセントの増加であった。平成二三年には約一二万人であった外国人観光客は二七年には三四万人に達し、以後も三〇万人台を維持している。観光消費額も平成二三年の一一〇〇億円から三〇年には過去最高額の一四九七億円に達し、一人当たりの平均観光消費額も二一〇〇〇円余となった。特に宿泊客の消費額が伸びている。部分開業とはいえ長崎新幹線の開通により、金沢で観光客数が急増したように長崎への来訪者も増加し、それに併せて経済発展も期待される。

長崎は観光都市として高い評価を受けているが、周辺島嶼の中心であり、なんといっても工業都市であり、三菱重工の発祥の地でもある。かつて戦艦武蔵をはじめ多数の艦船を建造した三菱重工の長崎造船所は、戦後財閥解体などの影響を受け小型の漁船などを建造していた時期もあったが、昭和二五年（一九五〇年）の朝鮮戦争時頃から、大型タンカーなどの建造が続き、元気を取り戻した。その全盛期には、市民にとってその所長は市長よりも上の存在であったという。昭和五〇年頃には従業員数は一六〇〇〇人余で県内製造業の一三パーセントを占め、製造業の出荷額では四〇パーセント以上を占めており、下請け企業も一〇〇社以上であったという。

中小規模の商工業の事業所が多い長崎市では、近年事業所や従業者数の減少が目立つ。平成七年から二二年までだけでも二万人の従業者が減少し、近年の平成二六年から二八年だけでも六五〇の事業所が減少している。小売業では一般商店も中心市街地の浜屋百貨店も売り上げを落としている。中心市街地の歩行者量調査でも、平成二〇年には日曜の通行量が平日の二倍もあったのに、近年ではその差はほとんどなくなり、上下入れ換わる年も多くなった。それは、長崎市の中心商店街が、休日に市民や市の周辺住民が来訪して高級衣料などの買回り品を購入する場から近隣市民が日常生活品を購入する場へと変化していることを示している。しかも、中心市街地の歩行者通行量は、二十年以上の長期低落傾向にあったのである。しかし平成三〇年から令和元年にかけて増加に転じた。特に平日の通行量が増え、地域の商店街としての機能は復活しつつあるように思われる。

ちなみに、軍港として名高い長崎県第二の都市佐世保市の三ヶ町、四ヶ町の商店街は地方都市の元気な商店街として有名である。以前商学部ゼミで合宿調査をしたが、バイパスが自動車道として迂回した旧国道を使用した一キロメートル弱にもおよぶアーケードの整然とした商店街には、中央部に百貨店、近隣に総合病院など地域住民を誘引する施設があるだけでなく、一年中イベントが開催され、多くの来訪者が行きかう元気進行形の商店街であった。長崎県のそれぞれの個性の異なる二大都市の商店街が、持ち味を生かして進展することを期待したいと思った。

ゼミの合宿は二泊三日で行われたが、ずいぶん多くの坂道を歩いた。市内には観光施設近くの斜行エレベーターだけでなく、坂道の階段「さかだん」脇のレールに移送用の小型ゴンドラが設置されているところもあった。思えば、近隣の都市佐世保や横須賀など軍港もそうだが、大型船舶の入港できる港は水深が深くなければならず、その延長線上にある陸も平坦地が少なく切り立った崖のような地形が多く、市内でも坂が多いのは当たり前のことかもしれない。

長崎の観光

長崎市内の観光では、南山手地区には大浦天主堂のほかグラバー邸、リンガー邸やオルト邸、ウォーカー邸など外国人貿易商の邸宅がある。グラバー園内にはプッチーニのオペラ「蝶々夫人」でマダムバタフライとして人気を博したプリマドンナ、三浦環の像もある。こうした観光施設は、市電やバスで訪れると坂を登らなければならないが、近くには我が国では珍しい斜行エレベーター、グラバースカイロードも設置されている。そのほかにもオランダ坂を上がれば、山手地区には洋館がならぶ。出島や平和公園、原爆資料館など訪れたいところはたくさんある。

　函館市の函館山からの夜景、神戸市の摩耶山掬星台からの夜景とともに長崎市の稲佐山からの夜景は日本三大夜景に数えられている。稲佐山の正面の鍋冠《なべかんむり》山からの夜景も見事である。すり鉢状になった湾内の夜景は日本の夜景百選にも選ばれている。それどころか平成二四年に長崎で開かれた夜景サミットでは香港、モナコとともに世界新三大夜景に選ばれてもいる。平成二七年には、明治日本の産業革命遺産として長崎では三菱造船所の関連施設や軍艦島などが世界遺産に指定された。明治三一年（一八九八年）に鋳物需要の増大に対応して建設された赤レンガ造りの旧木型場は、今に残る三菱造船所最古の建物である。現在では国の重要文化財の工作機械堅削盤など九〇〇点以上の歴史遺産が展示された長崎造船所史料館になっている。また、明治四二年に設置された巨大な電動クレーンのジ

鍋冠山から眺める夕日

軍艦島

ャイアント・カンチレバークレーンは現在もなお稼働している。ともに原爆や空襲にも耐えた歴史遺産である。港を出れば日本の産業革命を石炭採掘で支えた軍艦島がある。この島の炭鉱で働いた人たちの「炭住」は、かつてのこの島の栄華を物語るとともに、昭和四九年（一九七四年）の閉山後の朽ち果てた姿は寂しさを感じさせる。訪れた折には、台風などの影響であちこちに新たな破損が目立っていたが、さらに、以後の強風、大雨でも崩落部分が拡大したという。これらの建物など、島の世界文化遺産の今後の維持の難しさを感じた。

長崎には名所、名物をうたった「長崎ぶらぶら節」という民謡がある。平成一一年に作詞家のなかにし礼が直木賞を受賞した「長崎ぶらぶら節」では、日本三大遊郭といわれた丸山遊郭や史跡料亭花月が舞台となった。今なお繁華街として残る街の入り口、思案橋は一説には遊郭に「行こうか戻ろうか思案」したところともいわれる。そんな名所を歌った「思案橋ブルース」をはじめ、長崎には数えきれないほどのご当地ソングがある。令和二年のNHK朝ドラの主人公古関裕而作曲で藤山一郎によって歌われた「長崎の鐘」、青江三奈の「長崎ブルース」も懐かしいし、クールファイブの「長崎は今日も雨だった」は中高年にはカラオケでの当たり前のレパートリーではなかろうか。

小さな路地に入り、曲がりくねった石畳の坂道を上る、そんなまちの「横丁」のぶらぶら歩きのことを長崎弁で「さるく」というそうである。「長崎さるく」にはガイド付きまち歩きツアー「通さるく」や専門家による講座や体験を組み合わせた「学さるく」などがあり、長崎ならではの歴史や文化を味わう「まち体験」へと進化しているという。まずは、市内の鍛冶屋町の竜宮門が印象的な崇福寺から寺町興福寺へ、そして坂本龍馬ゆかりの亀山社中記念館を経て長崎港を一望できる風頭公園に至る坂道「龍馬通り」を「さるく」してみてはいかがであろうか。長崎のまちを「さるく」してみると、長崎の別の魅力、本当の魅力が感じられるかもしれない。

多くの祭りもある。その最大のものは、市内の諏訪神社の祭りとして一〇月に三日間にわたり催される長崎おくんちであろう。名の由来は旧暦の重陽の節句が九月九日であることから、「くにち」が「くんち」になったのではないかといわれている。国の重要無形民俗文化財にも指定されている。阿蘭陀万才や龍踊りといった、ポルトガルやオランダなど西洋と、中国など東洋色が入り混じった、独特な奉納踊を特色としている。傘鉾や山車・壇尻などの曳物、太鼓山からは京都の影響も窺える。その

崇福寺竜宮門

国宝の崇福寺第一峰門

福建会館正門

福建会館天后堂

他にも中国の旧正月春節に催されるランタンフェスティバルもあれば、帆船祭り、ペーロン選手権大会、ながさきみなとまつり、など四季を通じて祭りが楽しめるのも長崎市の特徴であろう。

観光資源は、近隣にも平成三〇年に世界遺産に登録された隠れキリシタンの信仰とキリスト教の教会群もあれば、佐世保近郊には九十九島などの景勝地やヨーロッパまで行かなくてもその雰囲気に浸ることのできるハウステンボスもある。遠来客は市内だけでなく、大きな荷物を長崎市のホテルに置いて、周辺をめぐる楽しみもある。とにかく長崎は観光資源が豊富である。

長崎の観光土産としてはやはりカステラであろうか。カステラはどこでも買えるが、例えば長崎の福砂屋本店のカステラの味は濃厚にしてもちもち感があって、東京の我が家の近隣で売っているものとは明らかに違う。少し高価になるが長崎のからすみも抜群の味である。今ではボラのとれる台湾はもちろんイタリアやオーストラリアなどでも作られてはいるが、長崎土産の桐箱入りのからすみはやはり違うように感じた。港近くの製造販売のからすみ屋さんで買って帰ったことがあったが、いかにも手のかかった趣の魚卵を薄切りにすると、しっとりとした鼈甲色の輝きが、舌だけでなく目までも楽しませてくれた。鼈甲色といえば、櫛やかんざしなどの鼈甲細工もまた長崎の伝統工芸品である。昔、お金持ちの象徴の一つに鼈甲の縁のメガネをかけているというのがあったように、鼈甲はもともと高価な芸術品であったが、原料であるウミガメの一種タイマイが輸入禁止となり、ますます貴重なものとなった。通常の土産物としては高価ではあるが、旅の思い出に自分や大事な人へのただ一点の記念の「土産」には適しているようにも思われる。

長崎の味

長崎の味といえば、まず頭に浮かぶのは卓袱《しっぽく》料理であろう。卓袱料理は四〇〇年の伝統を有する料理で、上座も下座もない円卓を囲んでいただく料理である。お吸い物から始まり、円卓に並べられた大皿に盛られた刺身、天ぷらや豚の角煮など、季節の食材を使った多彩な料理を各人が小皿に取り分けていただく。ポルトガルやオランダなど西洋と中国伝来の料理に、和食も加わって長崎独自の和・華・蘭料理（わ・か・らん料理？）になったという。

余談ながら、もう四半世紀以上昔に、フランクフルト便を開設して間もない全日空機のビジネスクラスで初めて出かけた時の機内食は卓袱料理であった。当時のビジネスクラスは今のように多くの席はなく、ジャンボジェットの一階先頭部のわずかな席で、初体験であったせいか料理はもちろん機内サーヴィスも特に素晴らしく感じられた。料理に合わせて日本酒は長崎のお酒を用意しているというので即座にお願いした。「六十餘州」の一合瓶であったように記憶しているが、料理に見事に合うお酒であった。その当時感じた味は今となってはとても表現できないが、長崎県波佐見町の今里酒造の「六十餘州」の純米吟醸は、日本酒としては高めの度数でありながら、

中華街

繊細な日本料理を邪魔しないすっきりとした飲みごたえであるというのが最近の感想である。地元産のからすみにもピッタリ合う酒である。当時、スチュワーデスと呼ばれ、今キャビンアテンダントと呼ばれる客室乗務員に思わず「もう一本お願いできるのですか」と聞いてしまったが、にこやかに「もちろんです」という答えが返ってきた。この後、さらにお酒をお願いしてしまったのはいうまでもない。

九州は焼酎文化といわれるが、長崎市には日本酒の蔵元はないものの、長崎県には前述の「六十餘州」など案外旨い日本酒もある。前述のゼミOGが送ってくれた平戸の森酒造場の「飛鸞」はすっきりした辛口ながら、爽やかな酸味が芳醇さを際立たせるお酒で、我が家で夏から秋が旬の脂の乗ったシマアジの刺身を肴にいただいたが、実に合う。この他にも平戸市の福田酒造の大吟醸「長崎美人」もフルーティーで穏やかな飲み口で、これまた、アジ、サバなど「ひかりもの」との相性がよい酒である。

意外にも長崎県のサバの漁獲量は全国二位を誇るという。サバを挟んだ「サバサンド」もいいが、やはりサバは塩をして酢で浅くしめた刺身が最高である。長崎では、現在では真ダイなど多くの高級魚が養殖されてもおり、酒の肴は充実している。酒がうまくて、魚がうまい、都市の評価においてこれ以上の条件は私には「おまけ」のように思えるが、言いすぎであろうか。

眼鏡橋脇から中華街に入ると、異国感が漂う独特の雰囲気も有る。中華街の純中華料理もよいが、長崎に来たら長崎発祥の長崎ちゃんぽんや皿うどんが魅力的である。明治三二年（一八九九年）創業の四海楼の主人が中国からの留学生に安くて栄養のある食事をと考案したもので、ほどなく長崎市内の他の中華料理店にも広がったという。その他にも長崎での昼食にはとんかつにスパゲッティ、ピラフが一皿に盛られ特製ソースのかかったトルコライスもいける。

長崎においてもゼミ合宿の際には、慣例にもとづき二日目には反省会という名の懇親会を実施した。前述のゼミOG紹介の店は、リーズナブルな上、料理は美味しくそれだけで満足であったが、「飲み放題」に二時間などという時間制限が無く、閉店までというのにはいささか驚いた。しこたま飲んでしまったのは自然の成り行きであった。

食べて飲んだらデザートである。季節は限定されるが、全国一の生産量を誇る初夏のビワは肉厚でジューシー、一年中いただけるゼリーもうまい。中国伝来という大きなザボンも珍しさもあって人気があるという。温暖な長崎は果物も豊富なのである。

おわりに

長崎市では古くから外国との交易が行われ、工業都市として発展してきた。それらを含め歴史文化都市として観光都市としての価値も高いし、観光客やその消費額は増加している。日本中から集客のできる大きな祭りもある。中華街も独特の風情をもつ。長崎の料理は、豊富な素材を生かした多国籍の味だけでなく、卓を囲む人々の輪を育む料理である。

令和四年には、武雄温泉駅での在来線への乗り換えという暫定的な開業であるとはいえ、長崎新幹線により、博多からの所要時間は三十分弱短縮された。大都市からのアクセスがよくなることで、さらに多くの観光客を呼び込むことができるであろう。

長崎は市内に魅力的な観光施設が何カ所もあり、それらを「さるく」して巡るのもいいし、市内は路面電車での移動も便利である。市独特の美味しい食事も観光客にとってうれしい魅力の一つである。しかも、そうした魅力は観光客の滞在時間の延長に効果的であるし、加えて帰路購入する多彩な土産品は観光消費額の増大をもたらすであろう。このように長崎市は全国的に見て恵まれた都市の上位に位置するであろう。だが、市内の小売業は、最近多少改善傾向にはあるものの、必ずしも元気とはいえない。観光客の市内中心部への回遊性もそれほど低いようには思えないから、おそらくは、市民や地域の住民による中心市街地での消費が減少しているのであろう。日常生活の買い物では郊外の量販店やショッピングセンターの展開が、また、高級衣料品などは博多との時間距離の短縮が市民の購買行動の変化を導いているようにも思われる。しかし、中心商店街のにぎわいの喪失は、市民の市内での購買意欲を低下させるという相互作用をもたらし、ますます市民が中心市街地に足を向ける機会を減少させる。観光客にも市民にも魅力的な商店街づくりは難しいかもしれないが、市民が知恵を出し合って、どちらもが出かけて楽しい、さらに魅力あふれる商店街を創設してほしいと思う。

ご当地ソングの多さからもわかるように、離れがたい独特の魅力をもつ長崎であり、住みやすい条件もそろっているように見えるが、今後高齢化が進む中で、山に囲まれ平坦地が少なく坂が多い長崎市が、人口を維持しさらに発展をするためには、元気な御年寄りにとって住みやすく、住み続けたくなるようなさらに思い切った工夫も必要であるように思われる。高齢者が増加する中で、その方々こそが市内消費を維持し、市が発展する上で重要な役割を果たすように思われるからである。

長崎市は一〇〇年に一度といわれるほどの変化の時を迎えているという。それが、住民にも外来者にもやさしい、より一層魅力的な都市へとの成長につながることを願っている。

第一九章 熊本市

はじめに

熊本市には平成二一年にゼミの調査合宿、父母連絡会、平成二九年には研究所の調査でお世話になり、学会でも伺った。企業研の調査の際には近隣宇土市のもずくや有明海苔のカネリョウ海藻と熊本市郊外菊池郡菊陽町の食肉卸の総合食肉商社フジチクを訪ねた。熊本市は、家内の両親の出身市ということもあり、それ以外にも、何度となく訪ねた都市である。自然に恵まれ「水の都」とも「森の都」ともいわれる熊本市では上水道のすべてが天然地下水で賄われており、いわば水道の蛇口からはミネラルウオーターが出てくる。有明海の魚が旨く、県南部の球磨《くま》焼酎が有名であるが、焼酎以外の日本酒も美味しいし、いうまでもなく生産量日本一といわれる馬刺は最高である。

平成二三年三月の東日本大震災の直後に、九州新幹線が博多駅と鹿児島中央駅を結び、熊本は博多や、関西圏とずいぶん時間距離が短縮された。人の移動が活発化し、ゆるきゃら「くまもん」の活躍もあり、熊本経済は活性化すると期待された。

しかし、そうした中で地震が勃発した。昔から熊本は水害などの災害によく見舞われたが、平成二八年の地震災害は、東日本大震災のような人的な被害は多くはなかったとはいえ、市の象徴である熊本城の損壊をはじめその惨事はまだ記憶に新しいところである。

熊本城の天守閣の修復工事が終わり、美しいその姿が市内からも見えるようになったと聞き、コロナが落ち着いてきたのを機に令和三年一〇月に家内とともに久しぶりに出かけた。熊本の今を、何度か訪れた折の事など思い起こしながら考えてみたい。

熊本市という都市

熊本市は細川氏熊本藩五四万石の城下町であり、平成二四年には全国二〇番目の、中央、東西南北の五行政区から成る政令指定都市となった。九州では福岡市、北九州市に次ぐ第三の人口を有する都市である。人口は昭和五二年（一九七七年）に五〇万人を突破してから増加を続けたが、ここ二〇年ほど微増、横ばいで推移し、令和三年時点では約七四万人余で、それは県人口の約四二パーセントにあたる。市の昼夜間人口比は一〇三パーセントで、中心市街地の老舗百貨店鶴屋のある「下通り」の歩行者通行量は平日で約五万人、日曜では六万五〇〇〇人と賑わっており、中心市街地は求心力をもつ「広域型商店街」を維持しているといえよう。政令指定都市の中では、人口一万人あたりの保育所数が二位と子育てに優しい都市であり、それと関連するのであろうか出生率は三位と高い。

第二次産業の工業は、平成一七年から令和元年にかけて事業所は五二五から四六一に減少しているが、従業者数は一万六〇〇〇人余から一万九〇〇〇人弱に、出荷額も二九七〇億円から四五八八億円へ上昇するなど元気である。これらの数字は、中小の企業の撤退と、規模の大きな事業所の活発な展開がもたらしたものであろう。市民所得、消費支出ともにこの間上昇傾向にある。さらに熊本市に隣接する菊陽町に台湾の半導体メーカーの大工場が令和五年に完成、翌年から生産開始ということで、関連企業の進出とも相まって、人口の増加や雇用の拡大、消費の増大などが期待される。

しかし、第三次産業の小売業では、平成一九年に五九〇〇店余であった商店数は平成二六年には四

熊本城

老舗百貨店鶴屋

「下通り」商店街

四〇〇店弱に、従業者数は四万三六〇〇人弱から三万四二〇〇人余に減少し、小売販売額も七七〇〇億円余から約七四〇〇億円にわずかとはいえ減少している。県外、市外からの来訪者のうち空港利用者は平成一七年から令和元年まで三〇〇万人前後で推移しているが、JRの利用者は八九二万人から順調に伸び、令和二年には倍近い一五三七万人に成長している。この数字から外来者の増加も推定されるとすれば、小売販売額の減少は市民の市内消費が伸びていないことによると考えるべきであろう。

私事ながら、中心市街地の上通りの明治二一年（一八八八年）創業の丸小ホテル（以前は丸小旅館）は、家内の母の実家であった。令和三年二月に一三三年の歴史に幕を下ろしたことを聞き、これまで何度となく熊本に出かけていながら一度も宿泊したことがなかったことを後悔したが、仕方がない。その他にも、合宿の折りに、熊本市を東西に走る市電の終点の健軍まで出かけてみたが、その商店街には衰えが目立つなど、時代の転換期が示されているようでさびしさを感じていた。しかし、今回訪れてみると、人の往来は少ないものの、アーケード街ピアクレス商店街や周辺商店街は以前に比べて元気を取り戻しているように見えた。両サイドの店を覗きながら歩いていると、なんと豚足の自動販売機があるではないか。初めての遭遇にビックリしたが、さすがに購入はしなかった。家内はピアクレスの商店に並んでいた九州山地で育った旬のハチクを干したという地元の名物乾燥タケノコを購入した。帰宅後一晩水につけた後に煮つけたタケノコは何ともいえぬ歯ごたえと味であった。

これらの状況と直接関係があるとはいえないかもしれないが、郊外への大型商業施設の進出は、中心市街地の経済動向に少なからず影響を与えるものであろう。以前、市内中心部の交通渋滞解消に向けて、郊外大型店の駐車場に車を置き、そこから勤務先までは公共交通機関を利用したパークアンドライドを提案したことがあったが、イオンモール熊本ではすでにその試みがなされていた。こうすることによって、市内中心部の交通量が緩和され、帰宅時のバスから自家用車への乗り換えの際に、夕食の食材などがイオンで購入されるならば、イオンにもこのシステムの利用者にも利があろう。その反面、こうした試みが成功したとしても、中心市街地の消費の低迷につながる可能性が気がかりである。

健軍ピアクレス商店街

豚足自販機

全国にはご当地ソングと呼ばれる都市や地域を歌った歌謡曲などがあるが、熊本には熊本弁で歌われる民謡「おてもやん」があり、その像が熊本駅の新幹線側出口前にある。童謡の「…熊本どこさ、せんばさ、せんばやまには狸がおってさ…」という歌詞の「あんたがたどこさ」も単純に熊本の歌であると思っていた。

しかし、明治初年頃に作られたと推測されている問答歌の童謡には異説もあるようである。というのも歌詞が関東方言であるというのである。せんばが坪井川の船着き場の船場あるいは馬を洗った熊本市電の電停洗馬橋の洗馬であったとしても、せんばやまは川越の仙波山で、戊辰戦争の折、そこに駐屯した熊本出身の新政府軍兵士と近所の子供たちとのやりとりだというのである。歌詞の「…熊本どこさ、せんばさ」までが問答で、せんばと聞いた子供たちが、(ここ川越の)「せんばやまには…」と続けて歌ったというのである。仙波山には徳川家康を祀る「仙波東照宮」があり、たしかに言われてみれば、「煮ても焼いても食えぬ狸」とも称された家康との関連もあり歌詞にも合うような気もするが、ルーツはどちらであろうか。

熊本市の観光

熊本市で観光といえばまず熊本城である。震災の後、城壁の石垣が壊れ、瓦が落ちた天守閣の状況は悲惨というしかなかった。企業研の調査の折、外国から来訪した豪華客船からの莫大な数の観光客のバスの到着を見て、美しい、凛々しい熊本城ではなく、地震で傷つき災害の象徴になったような城を見物に来る観光客を複雑な思いで眺めたことを思い出す。以前ゼミ合宿で熊本を訪れたのが九月で、私の誕生月であったので、ゼミ生たちが熊本城維持、保存のための「壱口城主」をプレゼントしてくれたこと、それが当時文化財などの保護、保全に有効な、いいアイデアであると思ったことなどがよみがえってきた。その熊本城も天守閣は立派に復元された。崩れた石垣の修復など、完全復活にはまだまだ時間を要するであろうが、復活の日が待ち遠しい。城に隣接した桜の馬場の城彩苑には土産物を買ったり、食べ歩き、食事もできる「桜の小路」もある。城の見学の際に、ちょっと立ち寄って休憩を兼ねた軽食などにも都合がよい。

熊本で城の次に観光で訪れる場所は、熊本駅からは三〇分強、中心市街地通町筋《とおりちょうすじ》から一〇分ちょっとのところにある水前寺成趣《じょうじゅ》園であろう。一七世紀に細川忠利により作られた桃山式回遊庭園で富士山のような築山と阿蘇の伏流水が湧出した水を利用した池に、手入れが生き届いた松などが配された見事な庭園である。それは富士と海など東海道五十三次の景勝を模したものといわれている。蛇足ながら、水前寺成趣園の湧水は、市電の通りを越えた江津湖へと注ぐ。市街地にありながら水生生物が生息し、多くの野鳥が飛来する江津湖公園は、日本の都市公園百選にも選ばれており、市民の憩いの場になっているという。

「おてもやん」像

しかし、熊本城と水前寺公園を見学すると、市内にはあまり観光客が立ち寄るスポットは多くはない。文豪夏目漱石や小泉八雲も教員として勤めた明治二〇年（一八八七年）創設の旧制第五高等学校、現在の熊本大学の赤レンガの記念館は国の重要文化財に指定されている。館内は「五高」の歴史を示す展示館となっており、一見の価値はある。加藤清正、細川ガラシャ、宮本武蔵などに関する近世肥後の武人文化の資料や古美術を収蔵した島田美術館も魅力的である。郊外を西に足を延ばせば標高六六〇メートル程の金峰《きんぽう》山があり、山頂からは熊本市内全域、有明海はもちろん、晴れていれば遠く雲仙、阿蘇、天草などが見渡せ、その眺望は素晴らしいという。

　とはいえ、熊本で観光を考えるなら、熊本市から陸路を少し東へ、阿蘇中岳の火口や牧歌的な草千

城主証

「桜の小路」

水前寺成趣園

里ヶ浜などへ足を延ばしてみるべきであろう。烏帽子《えぼし》岳の北麓に広がる草原に馬がのんびりと草をはむ光景には心癒される。南西に宇土半島をその先端へと進めば天草である。真珠養殖が盛んなことからパールラインとも呼ばれる国道にかかる天草五橋からの眺めも、有明海に浮かぶ天草松島と五橋も素晴らしい。海を挟んで向かい側には長崎県の雲仙島原も間近に見える。それら観光地を巡って熊本市に立ち寄るのもよいし、熊本市のホテルに大きな荷物を置いて身軽に周辺の観光地へ出かけるのもよいのではなかろうか。

観光土産には熊本といえばやはりなんといってもからし蓮根であろうか。ゆでた蓮根の穴にからし味噌を詰めて油で揚げた熊本の伝統の味である。酒のつまみにも最適である。ちょっとお醤油をつけたり電子レンジで温めたりすると、からしが鼻につんとして味が引き立つのも面白い。ただ、あまり日もちせず、買って帰ったらすぐに残さず食べ終わるのが美味しい食べ方の基本のようである。

お菓子では昔は加藤清正が朝鮮出兵の際兵糧《ひょうろう》として持参したという砂糖、もち米と水飴で作られた携帯食を起源とするというもちもち食感の甘い朝鮮飴が代表格であったと聞くが、土産物店では控えめの存在であった。最近では新しいお菓子、羊羹に求肥の入った「誉の陣太鼓」やパイ生地であんこを包んだ「武者がえし」が主流となっているようである。

熊本市の味

熊本の味というと、何といっても馬刺が代表格であろう。熊本に出かけた折には市内グリーンホテル地下の「むつ五郎」に必ず立ち寄る。馬刺だけの店ではなく海産物なども豊富な店なのだが、馬刺しは飛びぬけて旨い。父母連絡会や企業研の調査合宿の折にも、同行の中大職員や研究チームのメンバーと食事に出かけたが、手前味噌ながら極めて好評だったように思う。今回もからし蓮根に、馬刺し、タイ、シマアジ、マグロの刺身盛り合せ、地元産の小さなわけぎ「一文字《ひともじ》」の白根の部分を軸に青い葉で巻いてさっと湯がいた「ぐるぐる」を注文した。酢味噌でいただく「ぐるぐる」は、よく熊本の居酒屋などのお通しで出されたが、これも名物の味の一つといえよう。シャキシャキとした歯ご

「むつ五郎」

からし蓮根、馬刺し

「ぐるぐる」

たえや味もさることながら名前が面白く記憶に残る。お酒は生ビールに続いて熊本市で慶応三年（一八六七年）創業という酒蔵の「瑞鷹《ずいよう》」の純米大吟醸をいただいたが、大吟醸にしては自己主張が強くなく、馬刺しにも魚にもよく合った。当然これで終わるわけはなく、続いて亀萬酒造のにごり原酒をいただいた。これまたにごり酒にしては穏やかな味であった。このように日本酒も旨かったが、熊本でお酒といえば熊本県南部の日本三大急流といわれる球磨川流域、人吉などの球磨焼酎であろう。やはり最後は球磨焼酎でしめようと注文した「武士者」は、穏やかで甘い米焼酎であった。余談ではあ

「瑞鷹」

熊本ホテルキャッスル朝の和定食

るが、翌朝、熊本ホテルキャッスルで、多彩なおかずに宮本武蔵が戦いの際携帯したと伝えられている「焼味噌」を添えた和定食をいただいたが、料理とお粥との「コラボ」は朝の一時を「幸せの時間」にしてくれた。

　九州は一般的に焼酎が主流のようにいわれることが多いが、熊本県内には阿蘇の伏流水などで作る日本酒の酒蔵が一〇軒程ある。そのうち八酒蔵では見学も可能であるというから、それらの酒蔵巡りも楽しいのではなかろうか。考えてみれば、かつて熊本には日本酒「美少年」があり、東京でも飲む機会があった。美味しい酒であると思っていたが、不祥事から廃業したと聞き残念に思っていた。しかし、平成二五年に菊池市の新たな会社が「美少年」を受け継ぎ販売されているという。前述の「瑞鷹」は東京でも京王電鉄井の頭線の永福町駅から北へ徒歩一〇分程の大宮八幡宮近くの支店で買える、意外にポピュラーな酒である。令和四年の暮れに買いに出かけ、残り四本という純米ひやおろしを買って帰った。年末の夜、すっきりとした辛口の飲み口と穏やかな後味を楽しんだ。ちなみに、この店では、東京では馴染みがないが、熊本では正月のお屠蘇や料理の調味料として使われる赤酒も販売されていた。この他、熊本市内の「香

熊本ラーメン「こむらさき」

露」は、株式会社熊本県酒造研究所という珍しい酒造会社名のせいか、不思議にその名前が記憶に残っている。

熊本は天草や有明海からの新鮮な魚貝類に恵まれ、しかも県内では様々な果物にも恵まれている。意外といっては失礼かもしれないが、令和元年のスイカの生産量は全国の約一六パーセントを占め、堂々の第一位、令和二年のメロンの生産量も茨城県に次いで第二位を誇る。このように様々な生産物が豊富にある熊本にはもっといろいろな名物の味がありそうだが、思いつくのは熊本ラーメンである。私が住んでいる調布に以前熊本ラーメンの店があった。その味のファンであったので、ゼミ合宿の折にも、令和三年の秋にも到着早々に上通りにある昭和二九年創業の「こむらさき」という熊本ラーメンの店に行った。その「王様ラーメン」は、九州のとんこつラーメンに比べ味は穏やかでありながらコクはしっかりあり、チャーシューはもちろん、乾燥ニンニクやもやしもスープにマッチしていて旨かった。

おわりに

九州の有明海側の中央部に位置する熊本市は全国の多くの地方都市が人口減少に悩む中、人口を維持し、新幹線によって大都市博多と結ばれたにもかかわらず、高級衣料品等の購入などの流出も少なく、小売全体の停滞傾向は見えるものの近年の経済状況も安定している。子育て環境が充実しており、出生率が高く、これからの市の発展を考える上で好条件を備えているともいえよう。しかし、地震災害に加え、周辺都市で毎年のように水害被害なども生じ、自然災害の脅威にさらされることが多い。そうした中での経済の活性化は容易なことではない。

食品などを中心に日常生活必需品を扱う、市内の中心から少し離れたいわゆる「地域型商店街」健軍地域の商店街が元気を取り戻しているように見えたのはうれしいことであった。郊外型大型店などの進出や自動車での買い物が増えてもなお、地域の人たちと密接に結びつき、ともに歩んできた商店街ということであろう。

中心商店街、周辺商店街などが共存し、総じて元気な熊本市ではあるが、これまで以上に遠方からの観光客を呼び込み、その再訪を促し、消費を増やす工夫は必要であるように思われる。焼酎の蔵が多い中で存外多い県内の日本酒の蔵元何軒かを巡り、各蔵元が選ぶ熊本名産の肴とともに試飲するツアーなども意外性があって面白いのではなかろうか。とにかく熊本ならではの「味」は十分にあり、周辺観光地と合わせれば、決して周遊する観光地も少なくない。市内にも熊本城、水前寺公園だけでなく、他にはない観光資源があるはずである。市内外の熊本大好き人が知恵を出し合って、熊本市の魅力を探索し、しっかりと外部発信すれば、まだまだ外来観光客は増加するように思う。

まさに、純粋で正義感が強く妥協しない頑固者「肥後もっこす」の本領を発揮し、熊本の素晴らしさを「自己主張」し合ってほしいと思う。熊本ならではの馬刺しや海の幸と米焼酎や日本酒を組み合わせた夕食は、来街者の市内滞在時間を延長し、宿泊客の増加をもたらし、市内消費の拡大にもつながるように思う。もう少し積極的に「熊本の味」など外部発信してみてはいかがであろうか。

第二〇章　鹿児島市

はじめに

平成二三年夏にゼミ合宿を鹿児島市で行った。その際には、父母連絡会鹿児島支部の会長が事前準備からお世話下さり県庁では観光課、交通政策課や、商工労働水産部の皆様が、また、市役所、商工会議所や商店街振興組合など多くの方々が本当に丁寧に市の事情を説明して下さった。ゼミ合宿の二日目の「反省会」という名のゼミ懇親会にも会長と副会長お二人が中央大学父母連絡会の旗を持参していらして下さった。感激するとともに、このように父母の皆様から

鹿児島県庁

応援されているというのは、それだけで心強いと思った。

鹿児島市には個人的に観光旅行で何度か訪れていたが、ゼミ生とともに市内を散策し、まちの雰囲気に触れてみると、観光では感じなかった素顔の鹿児島が垣間見えた気がした。令和三年一〇月に改めて鹿児島に出かける機会に恵まれた。これまでに肌で感じた鹿児島と今について書いてみたい。

鹿児島市という都市

鹿児島市は、奄美大島、種子島、屋久島など離島への玄関口であり、一般庶民の航空機での移動が当たり前ではなかった頃には、奄美列島だけでなく沖縄、琉球列島への基点でもあった。歴史的には、明治維新期には島津家の治める薩摩藩から新たな社会づくりに力を注ぎ、活躍した西郷隆盛や大久保利通など多くの偉人が輩出された地でもある。

平成二〇年の宮尾登美子原作の『天璋院篤姫』、NHK大河ドラマ「篤姫」のゆかりの地であるし、平成三〇年の林真理子原作の『西郷どん』の舞台にもなった。両大河ドラマの鹿児島県への経済効果はそれぞれ二五〇億から三〇〇億円にものぼるという。

路面電車が走り、市街の移動には便利である。路面電車の軌道には夏のヒートアイランド現象の緩和や沿線騒音の低減、都市景観の向上を目指し、平成一八年度から芝生が植えられた。ささやかな環境改善ではあるが、こうした軌道敷緑化は市民、来訪者から高い評価を得、その取り組みは、他都市からも注目されており、先導的な役割を果たしている。

平成二三年には博多と鹿児島を結ぶ九州新幹線が完成し、西鹿児島駅は鹿児島中央と駅名を変え、博多とは約一時間半、新大阪とは四時間弱で結ばれた。昭和四五年（一九七〇年）頃には東京と西鹿児島は日豊本線経由の一五〇〇キロメートルの国内最長距離を走るブルートレイン特急「富士」が二十四時間以上かかっていたことを考えると、陸路での鹿児島と関西圏、首都圏との時間距離は随分と縮まったものである。

鹿児島中央駅には直結して二〇〇余の店舗と映画館などを有するアミュプラザ鹿児島がある。売り場面積は市内の老舗百貨店山形屋を上回り、イオンモール鹿児島に次ぐ規模であ

芝生が植えられた市電軌道

先進的な市電軌道敷緑化

鹿児島中央駅直結のアミュプラザ鹿児島

る。平成一九年にイオンが進出し、鹿児島市中心市街地への人の流れの変化が心配されたが、都心には新幹線駅前アミュプラザと天文館と二つの核ができ、市内中心部の賑わいに貢献している。さらに、アミュプラザの近くには二十五軒の屋台が並ぶ「かごっまふるさと屋台村」も平成二四年にできた。青森県八戸市の屋台村みろく横丁を参考にしたという(第二章参照)。「屋台村」は昼から営業しており、新幹線利用のビジネスマンにはブラッと寄って飲むのに便利であり、観光客には県産食材を使った郷土料理を手軽な金額で食べられ、鹿児島弁による接客も好評ということで、開業後には年平均四〇万人を超える来訪者があったという。平成二八年度には計画を上回る七億円弱の売り上げがあったというが、令和二年末に営業を終了した。いろいろと事情はあろうが、少し残念でもあったし、もったいない気もしていた。しかし令和四年夏に場所を移転して再開したと聞き、なんとなくホッとした。中央駅東口前には、日本の近代化に大きな役割を果たした十九名の外交使節団、留学生の像もある。その中には後の初代文部大臣で、一橋大学の創設者森有礼もいた。

鹿児島市の人口は、平成一二年には六〇万人を超え、その後も出生と死亡の自然増減も転入、転出の社会増減も大きな差を示してはいないが、二二年を頂点に、近年では若干の減少傾向にある。市民の個人所得は、平成二二年以降三〇年まで上昇を続けていたが、市内の小売販売額は平成二六年には六〇二七億円で、一一年の約八七パーセントに減少しており、一九年と比べても約二三一億円減少している。小売店舗数も平成一九年から二六年には一九〇一店減少して三八五九店となり、小売従業者数も平成一九年から二六年には六九四七人減少して三万八一九人となるなど、市内の小売業は厳しい動向を示している。

しかし、市内中心商店街（中央地区）の八時から二〇時の歩行者通行量は平成二八年から三〇年にかけては平日が約一六万人から一七万人と約一万人増、日曜日が約二二万人から二四万八〇〇〇人と二万八〇〇〇人の増と全体的に増え、鹿児島市は少し元気を取り戻しているように見える。しかも、休日が平日より通行量は多く、日常生活圏を越えて集客している「広域型商店街」として中心性を増しているように思われる。令和二年秋の調査では、日曜の通行量の減少が著しいが、コロナの影響であろう。

昭和初年のルネサンス風に復元され、アーチ型のアーケードともマッチした朝日通り電停前の前述の百貨店山形屋には多くの客が集まり、隣接する南九州一の繁華街天文館とともに賑わっているようである。個人的には、そのすぐ近くの、昭和の時代には全国どこにでもあったような下町の横丁の飲み屋街、名山堀《めいざんぼり》が好きである。久しぶりに立ち寄って、かつてその一角の小さな居酒屋を訪れた折、芋焼酎を飲みながらの店主と客のまるで外国語を聞くような薩摩弁の会話とその雰囲気に癒されたのを思い出した。父母連絡会も鹿児島宿泊の年には、懇親会の二次会は名山堀が多いと聞いた。近くに

山形屋百貨店のレトロな建物

は、「東の渋沢、西の五代」ともいわれ、関西における在来産業の近代化に尽力し、大阪商法会議所を設立した五代友厚の像もある。

鹿児島の観光

鹿児島では桜島とその噴煙に圧倒される。その桜島を見渡せる島津家の別邸仙巌園もすばらしい。仙巌園内には明治維新期の機械工場、尚古集成館や反射炉跡などがあり、近隣の慶応三年（一八六七年）に建設された洋式紡績工場、旧鹿児島紡績所とともに世界遺産である。市内中心部が一望でき錦江湾が見渡せる城山とともに観光のメインスポットである。

室町時代に鹿児島に伝わったといわれる親鸞聖人を宗祖とする浄土真宗の「阿弥陀如来の前には、全てのいのちは等しく尊い」という教えは、封建体制下では為政者にとって不都合で、しかも浄土真宗信者の結束が一向一揆へと進展する危惧から、薩摩では慶長二年（一五九七年）に島津義弘によって念仏禁止令が発せられたのである。それは明治九年（一八七六年）に廃止されるまで三〇〇年近くにわたって続いたのであった。禁止されるとなおさら信者たちの結束は強くなり、浄土真宗門徒は山中の洞穴などで集会を開いた。こうした洞穴は隠れ念仏洞と呼ばれ、現在では歴史的遺産として遠近からの来訪者も多い。

このように幾多の苦難に耐え続けた門徒の熱い意志により、中心市街地から近い中央公園に隣接して明治一一年（一八七八年）に最初の西本願寺の別院が創設され、明治三〇年に本堂が完成した。昭和二〇年（一九四五年）の鹿児島大空襲により別院は焼失したが、昭和五七年に現在の別院が再興された。山形屋からアーケード中町ベルクを抜けた城山への通り道にあり、県内の参拝者だけでなく中心市街地から城山を訪れる人たちが立ち寄るスポットにもなっている。別院から城山に向かう途中には城山を背景にして立つ西郷隆盛のりりしい銅像があり、照國神社境内には維新期の薩摩藩主島津斉彬を御祭神とする護國神社頓宮を囲むように篤姫の養父でもある斉彬、その後継忠義、その後見人久光など薩摩の殿様像がある。

鹿児島市では一一月初めに南九州最大といわれる「おはら祭り」が天文館通りを中心に行われる。コロナ禍前には二万人以上の踊り手が「おはら節」等に合わせて踊る総踊りや、大迫力の薩摩おごじょ（鹿児島女性）による「おごじょ太鼓」などに二〇万人以上の観客が集まったという。五月には、東京渋谷でも「おはら祭り」は開催され、薩摩の物産展なども開かれる。

土産物には鹿児島の代表的な郷土菓子として「かるかん」がある。その名の由来には諸説があるようだが、老舗明石屋のかるかんは「軽い羊羹」とする説に合致するような和菓子で、土産に喜ばれそうなものである。薩摩蒸氣屋のかすたどんはカスタードクリームをふんわりとしたスポンジで包んだ甘すぎない味がよい。

土産物というには高価だが、有数な特産品、芸術作品として、明治維新直前の慶應三年（一八六七年）開催のパリ万博に出品され高い評価を受けた薩摩切子や薩摩焼などの工芸品もある。その中でも私はガラスに銅を加えて発色させた紅色の薩摩切子「薩摩の紅ガラス」に魅了されている。聞いたところでは、ガラスに紅色を出すには、熱する温度と時間の微妙な調整という高度な技術が必要であるという。ちなみに紅色の切子は鹿児島中央駅西口のモニュメントにもなっており、自他ともに認める薩摩の代表的工芸品といえるだろう。

鹿児島の味

鹿児島といえば芋焼酎であろう。昔、芋焼酎というと、匂いがきついという先入観があり、その匂いだけで苦手であると勝手に思い込んでいたので、一時の焼酎ブームの時でもあまり芋焼酎を口にすることはなかった。しかし、家内の高校の同級生の御親族が明治二年に鹿児島市に隣接する現在の姶良《あいら》市に創業した白金酒造の芋焼酎は認識を新たにさせてくれた。国内産の黄金千貫という芋にこだわる白金酒造の芋焼酎の「白金の露」、「石蔵」はほんのり芋の香りがして、お湯や水で割っても、オンザロックでも旨い。今では寝酒にいただいている。白金酒造の芋焼酎は、以前には年一回東京のデパートでの販売の際に購入しないと手に入らなかったが、今や芋焼酎がポピュラーになったこともあり、近くのスーパーなどでも手に入る

紅ガラスのモニュメント

ようになった。ちなみに、今では白金酒造の工場の一角に焼酎博物館も開設されているという。合宿の際には白金酒造の会長からゼミ生に芋焼酎生産全般についてお話しいただいた。余談ながら、その折、会長からご案内いただいた海辺のお店の鯵フライの美味しさは今も忘れられない。

　鹿児島市の焼酎ではないが垂水市の「森伊蔵」のように、プレミアム価格がついたり、ＪＡＬの国際線のビジネスクラスで限定販売されるなど、人気のある希少価値の高い酒も鹿児島にはある。かつては焼酎というと庶民の酒という感があったが、今や一部の焼酎は日本酒に負けないほどの高価な高級酒である。蛇足ながら、鹿児島県では米を原料とした酒も造られている。以前鹿児島の短大に勤めていた友人からいただいた、日置市で明治一六年（一八八三年）に創業された小正醸造の小じゃれたボトルの「メロー小鶴」は、貯蔵熟成された米焼酎で、そのまろやかな旨さに驚かされた記憶がある。最近では、同市の有名な芋焼酎「冨乃宝山」や「天使の誘惑」の製造元西酒造が「天賦」という日本酒を出している。たまたま、住まいの近くにできた酒屋さんの冷蔵庫に純米吟醸酒があったので買ってみた。程よい酸味のきいた酒の旨味が舌の上で心地よかった。ほかにもいちき串木野市には気温が七～八度という昔の金山の坑道跡を利用し、冠岳の伏流

白金酒造外壁の広告

水で仕込まれた金山蔵・濱田酒造の清酒「薩州正宗」もある。

酒の肴には鹿児島では「つけ揚げ」と呼ばれる薩摩揚げが合う。毎年年末にいちき串木野市の松下商店の薩摩揚げをいただくが、小さなコロッケ状の「つけあげ」はちょっと甘く、ゴルフボール状の「えびニラ天」は甘辛のはっきりしたクセになる味である。東京などから「生のニンジンが入っている」との苦情があったとの噂も聞いたが、私はコリっとした食感のニンジンの入った薩摩揚げも好きである。

意外なのは、令和二年に鹿児島県が静岡県を抜き、お茶の生産額が日本一になったことである。生産量も静岡とほぼ同様であった。日本三大茶どころといえば、諸説あるにしても静岡、宇治、狭山の名があがることが多いように思う。八女茶など九州には有名なお茶の産地があることは承知していたが、鹿児島が、食生活の中で重要なお茶の生産額が日本一というのにはビックリした。

地鶏は焼いて旨いのは当たり前だが、隣県宮崎とともに刺身で食べる文化が生きている。黒豚は市内の「いちにいさん本店」で薄切りのバラ肉のしゃぶしゃぶをそばつゆ仕立てでいただいたが、刻んだ白ねぎと柚子胡椒の薬味との相性もよく絶品であった。車であったので飲めなかったが、焼酎にも合いそうであった。しかし、鹿児島県は魚も旨い。鹿児島の魚といってまず頭に浮かぶのはキビナゴであろうか。カイワレ大根などの薬味とともに酢味噌でいただく。サバは鹿児島ではゴマサバが多いが、屋久島では鮮度を保つためくびを折って血抜きをしたことから「くび折れサバ」と呼ばれる。生臭さなど微塵も感じられない。志布志市のウナギの養殖が鹿児島県の日本一を支え、錦江湾でのカンパチの養殖が日本一なら、枕崎市は日本一のカツオ節の産地である。他にもブリの養殖も盛んだし、伊勢エビ、ムラサキウニの水揚げも多く、鹿児島市の周辺は海産物の宝庫であり、市ではそれらの新鮮な味をいただける。たまたま宿泊した宿の夕食にカンパチの燻製が出されたが、見た目は刺身なのに味にはスモークの香りと絶妙の味であった。美味しい海の幸というと、北海道や北陸など北の地や、九州でも大分の関アジ、関サバが思い浮かぶことが多いが、鹿児島もバラエティに富んだ味が楽しめる地なのである。

おわりに

南九州の最大都市、離島への玄関口鹿児島市は美味しい食材が豊富で、焼酎の旨い魅力的な都市である。市内で観光する場所は多くはないが、しばし市内を寄り道しながら散策するのも楽しいし、市内に限定せず、少し足を延ばせば多彩な観光地が存在する。例えば、市の北東には霧島神宮があり、南には薩摩の小京都ともいわれ武家屋敷の残る知覧もあり、その先には砂むし温泉で有名な指宿温泉がある。周辺の観光地と協力し合って、その魅力を外部発信し、その一部の宿泊客を鹿児島市へ誘致するというのもよいのではなかろうか。

市内や市の周辺には芋焼酎の蔵元が点在している。そうした蔵元の了解が得られるなら、蔵元自慢の一品を試飲しながらの蔵元巡りなども面白いように思う。鹿児島では酒器チョカ（千代香）に前もって水で割った焼酎を入れ、火にかけてお燗してチョコでいただくのが通の飲み方のようであるが、例えば焼酎とお湯の割合とか、そのどちらを先に注ぐのが美味しいのかなど、焼酎の飲み方教室などにも興味をもつ人は多いように思う。各蔵元がその自慢の焼酎と推奨の飲み方を示して、自社自慢の焼酎をアッピールする、こんなツアーがあってもよいように思うが、いかがであろうか。市内や周辺地域の蔵元をまわって、温泉で宿泊もよいが、県内の美味しい食材が集まる鹿児島市で、旨い地魚、地鶏、黒豚や薩摩揚げなどを肴に一日を締めくくるというプランを推奨してみてはどうか。

鹿児島市はアイデアを出し合い、ちょっと工夫すればまだまだ外来者を呼び込み、その滞在時間を長くするなど、消費の拡大につながる力を内在しているように思われる。まずは、市民の有志が集まりこれからの鹿児島市を考え、アイデアを出し合ってみてはどうかと思う。

第二一章　那覇市

はじめに

平成二八年一一月に那覇市で研究所の調査合宿を行い、翌二九年の夏にはゼミの調査合宿を行った。その際には、ゼミのＯＢで、その後も中央大学大学院で学んだ沖縄国際大学の先生に全面的にお世話になった。市役所の商工企画課と観光文化課の方はお忙しい中、学生たちが希望した資料を提供してくださり、市の現状全般についてデータを交え丁寧に説明してくださった。また、ＮＰＯ法人まちなか研究所を通じて那覇市第一牧志公設市場の「現場の声」も聞かせていただいた。

沖縄には何度となく家族とともに、観光で訪れた。本島では那覇市やその周辺、中部のリゾート観光地だけでなく北の八重岳の満開の桜も見に行ったし、石垣島や宮古島をはじめとする先島諸島にも行った。もちろん那覇市内にも何泊かしたことがあるが、研究所の調査で那覇の地元スーパーマーケットなどをまわり、ゼミ合宿で、那覇市の現状についての話を聞き、ゆっくりと国際通り周辺の中心市街地を歩いてみると、それまで観光で訪れた時とは異なる那覇市が見えてきたような気がした。

沖縄県への観光客の関心、人気は高い。しかし、那覇市ではそれにもかかわらず、市内消費の低迷や中心市街地の小売店の急減など気がかりなことも見えてきた。令和四年、コロナも落ちついてきたので、家内と沖縄に出かけ那覇市内をのんびり散策した。以前訪れた時の那覇を思い出しながら改めて感じたことなど書いてみたい。

那覇市という都市

沖縄県は戦後米国の統治下におかれ、昭和四七年（一九七二年）の返還まで県民は「琉球住民」として、パスポートがなければ日本に来ることはできなかったし、私たちも自由に出かけられなかった。那覇は鹿児島市から六〇〇キロメートル以上の距離があり、今でも船なら一日かかる。飛行機での移動が一般的でなかった頃、いろいろな意味で沖縄は遠いところであったが、今や頻繁に運行される飛行機で羽田と三時間前後で容易に行き来できる、身近な存在に近づいた。

空港から首里までのモノレールが完成してから、空路訪れる遠来の客にとって市内中心部への移動は随分と楽になった。令和元年には浦添まで延伸し、翌年には全国の交通系ＩＣカードも利用可能となった。バスの本数が少なかったり、渋滞したりで定時運行されない那覇では、定時に頻繁に運行されるゆいレールは便利な市内移動の手段となっている。

沖縄県も少子高齢化は全国同様であるが、平成二九年には人口増加率は全国で三位と高く、令和二年の県人口は約一四六万人で、その九割が本島に居住している。那覇市の人口は平成一二年頃には三〇万人台で推移していたが、出生が死亡を上回る自然増に加え、その後の若干の転入者の増加もあり、平成二七年には約三二万人に増加した。転入者の増加には、亜熱帯気候と独特の「明るい」沖縄に魅せられた移住者増も関係していたかもしれない。しかしそのブームは長くは続かず、令和二年には転出人口が転入を上回ったが、出生が死亡を上回り、令和五年の人口は若干減の三一万五〇〇〇人程、昼間人口は三五万人程である。

　第二次産業の比率が低い沖縄経済にとっては、第三次産業、特に観光が重要である。観光振興のため平成一四年には特定免税店制度が導入され、平成一七年にはゆいレールおもろまち駅と直結した空港外大規模免税店Tギャラリア沖縄ｂｙ ＤＦＳが開業した。免税店といえば国際線ターミナル内にあるものだが、沖縄では県外への渡航者は関税免除のショッピングが可能となり、新都心に免税店ができたのである。企業研究所の調査の際に、沖縄国際大学でのパネルディスカッション「沖縄の現在（いま）と未来―自立的発展の視点から―」を聞くまでは、このような税制上の優遇措置が取られているくらいだから、沖縄県には国からの補助金が特に手厚く支給されていると思っていたが、その基調講演によって、県民一人当たりに

沖縄国際大学でのパネルディスカッション「沖縄の現在（いま）と未来―自立的発展の視点から―」

換算すると決してそうではないことがわかった。

ゼミ合宿の際、昼間国際通りを歩いてみると、観光客は多いが、地元の人たちの往来は少なかった。九月はまだ日差しの強い時期なので、日差しの弱まる夕方以降に地元の人たちは動き出すのだと聞いた。とすると、夕方以降に夕食の準備が始まるのだろうか、これも時間通りには何事も始まらない「沖縄時間」ウチナータイムと関係があるのかなどと考えたが、その疑問の答えは、DFSのあるおもろまち駅から徒歩五分程のショッピングモール、サンエー那覇メインプレイスへ出かけてわかった。駅からも近いが、市の中心近くでありながら二五〇〇台の駐車場もある。地域密着型の総合小売店というだけあって、品ぞろえは豊富で食料品はもちろん日常生活に必要なものは店内でなんでもそろうので、市民は暑い中まちを歩きまわることなくワンストップショッピング、すなわちモール内ですべて買い物を済ますことができる。他方で、これでは市内の一般小売店は苦戦するだろうとも思った。事実、小売店の減少は著しく、平成六年には六〇〇〇店弱であったが、平成一九年には四〇〇〇店強、二六年には二三四八店にまで減少している。それだけではない。市内の小売販売額も平成一九年以降急減しているのである。市の郊外への大型店進出が大きく影響しているものと思われる。商業従事者も、平成一九年には約三万人であったが、二六年には約二万一〇〇〇人にまで減少し、食品を中心とした製造業の事業所の減少も著しく、平成三〇年には九十五事業所となった。このような雇用の減少は、当然のことながら、市内消費の低下をもたらす。やはり、こうした環境下では観光産業のより一層の充実を目指すべきであろうか。

那覇市の観光

那覇市内の観光では、まずは琉球王朝の守礼門や首里城であろう。昭和三三年（一九五八年）に再建された守礼門は沖縄の象徴として二千円札の表面に描かれたし、平成四年に再建された首里城は、平成五年にはＮＨＫ大河ドラマ「琉球の風」の舞台ともなった。国内の日本の城とは異なる外見をもつ、沖縄県民の心のよりどころの一つであるといわれる琉球王朝の首里城は、長い歳月をかけてやっと再建されたというのに、令和元年に火災で焼失した。残念としか言いようもない。

十八世紀末に造られた琉球王家最大の別邸識名園、俗称シチナヌウドゥンは、庭を巡り風景の変化を楽しむ廻遊式庭園で、春には梅、夏には藤、秋には桔梗と四季の花が楽しめる。戦争で破壊されたが、平成八年に復元工事が終了し、首里城や今帰仁《なきじん》城跡などの遺構とともに「琉球王国のグスク及び関連遺産」として平成一二年には世界遺産に登録された。首里城近くの金城町の三〇〇メートル続く琉球石灰岩を組み合わせて敷いた石畳道は十六世紀に造られたと推定され、その両脇に並ぶ赤瓦の古い民家には沖縄独特の城下町の風情が残る。

金城町の石畳道

観光客対応の店が連なり、他の県庁所在都市の中心商店街とは異なる趣がある市の中心国際通りの中間辺りの市場本通りを入ると、沖縄の食材が一堂に集まる牧志公設市場がある。戦後の闇市から始まり、昭和四七年（一九七二年）に建てられた昭和の風情を残すこの市場の建物は、令和元年から建て替え工事が始まり、令和五年三月に新たにオープンした。これによって、これまで以上に市民の台所としての機能を増し、観光客を沖縄の雰囲気にいざなう市場になってほしいと思う。陳列された食材や飛び交う言葉など、そこに集まる人々の雰囲気が、いわば「素顔の沖縄」のように思えるのである。それがさらに、中心市街地の賑わいの増加につながることを期待したい。

大都市那覇の周辺にも短時間で行けるリゾート地は点在しており、マリンスポーツなどを楽しむ場所は多い。沖縄はサンゴ礁の浜も美しく、オーストラリアのグレートバリアリーフなどよりも美しいように思う。とにかく、那覇近郊でも沖縄の海は素晴らしい。ただ、リゾート地の海に隣接したホテルに泊まると、近隣での食事でもタクシーで出かけざるをえず、多くはホテル内のレストランを利用することになる。逆に、市内中心部に宿泊すると、様々なレストランや居酒屋などで飲食を楽しむことはできるが、リゾート地との往復には公共交通機関はバスしかなく、不便である。以前パック旅行で沖縄を訪れた折、リゾートホテル泊の場合は食事つきのプラン、市内のホテルなら食事なしプランとなっていた意味がわかった。ゼミ合宿の報告書に、ゼミ生が、市外のリゾートホテルと中心市街地間のシャトルバスの運行を提言していたが、昼間には市内宿泊者をリゾート地へ、夜にはリゾートホテル宿泊客を都心へリーズナブルに輸送できれば、宿泊者たちがマリンスポーツに出かけて留守になったリゾートホテルでの消費の増加も期待できるし、リゾートホテル宿泊客は容易に中心市街地での夜の飲食を楽しめるなど、新しい経済効果をもたらすようにも思った。

高速道路が北に延びたこともあり、レンタカーで容易に本島北部方面への観光ができるようになった。このように移動手段の改善が進むのと並んで、那覇市の観光客数は平成二四年の五七五万人から二八年には七七七万人に増加した。そのうち県外からの観光客がその七七パーセントを占めるという。コロナ禍前の平成三〇年には国内六三四万人、外国二三七万人の計およそ八七〇万人の観光客が那覇を訪れている。この時点での過去五年の平均消費額は一人当たり七万四〇〇〇円で、観光客増大に比べると、その増加はやや鈍いというが、やはり、沖縄県や那覇市経済において観光は大きい。

琉球王朝時代からの那覇市の祭りには、十七世紀に始まり昭和四六年（一九七一年）に市制施行五十周年を記念して復活した、国道五八号線久茂地交差点を中心に行われる那覇大綱挽や、那覇港新港ふ頭で開催される豊漁と海の安全を祈願する競漕、那覇ハーリーがある。ハーリーは約六〇〇年前の琉球王朝時代に中国から伝わったというが、一時途絶え昭和五〇年の沖縄海洋博開催時に復活した。いずれも地元民の祭りの感はあるが、春の大型連休のハーリー、秋の那覇大綱挽は観光行事にもなっており、少なからず来訪者の増加を促進しているといえよう。

企業研究所の調査合宿の折には、首里城下に明治二〇年（一八八七年）創業の琉球泡盛の老舗酒造所、瑞泉酒造を見学させていただき、お話を伺った。東南アジアの外米を原料に作られる蒸留酒である琉球泡盛の酒造所は、本島だけでも二十九あるという。しかし、生産量は平成一七年を頂点に減少が続き、令和二年も前年比一四パーセント弱の減であった。もちろん、沖縄で作られるお酒は泡盛ばかりではない。それどころか、意外なことに沖縄には日本酒の地酒がある。そのことを知ったのは、四半世紀程昔に、家族で沖縄旅行に出かけ、那覇のホテルに泊まった折、ホテル内の和食レストランのメニューに沖縄産の日本酒の地酒があったことからであった。その時には出された料理にも合い、美味しいと思ったのだが、迂闊にもその酒の名前を聞くのを忘れた。後年那覇の土産物屋で聞いたところ「黎明《れいめい》」であろうと教えてもらった。和食の店で飲んだ日本酒と同じものであるかわからなかったが、その折には空港の土産物店にわずかに置いてあった本醸造酒を買って帰った。沖縄うるま市の日本酒ということで珍しくはあったが、それ以上のものではなかった。しかし、その後「黎明」には純米吟醸酒があることを知った。ゼミ合宿の折に、郊外のイオンでその純米吟醸酒を買って帰ったが、冷やしていただくと、程よい酸味のほのかな吟醸の香りが評価できた。

沖縄には揚げ菓子サーターアンダーギーやチンスコウのほか、黒糖菓子や紅芋のタルトなどの沖縄ならではの菓子があり、最近では現代風に進化している。ジャスミンティー・サンピン茶やポリフェノール飲料グァバ茶などもある。だが、それらは皆沖縄県全体の土産物である。このように、沖縄土

琉球泡盛の老舗酒造所、瑞泉酒造

産はあっても那覇や本島の他市それぞれの固有の土産はといわれると即座には思い浮かばないのは事実である。それは郷土料理にもいえる。

沖縄の味

沖縄の味といえば、まず頭に浮かぶのはゴーヤーチャンプルーであろうか。沖縄では夏は暑すぎて地元でとれる野菜が少なく、県外からの輸送費を考えると野菜の値段は高くなる。そうした中で地元産の野菜として料理されたのが沖縄の味として定着したのではなかろうか。昭和五〇年(一九七五年)に大学院時代の友人が琉球大学に就職してしばらくたった折に、「今日嬉しいことがあった」とくれたはがきには、「さんまの塩焼きに大根おろしがついていた」と書いてあったのを思い出す。当時は沖縄では野菜に苦労していたようであった。そうしたことが昔話になったのは、流通などが改善された結果であろう。

中華そばのような、うどんのような沖縄そばも、その上に煮込んだ豚の骨付きあばら肉ののったソーキそばも旨い。肉もヤギ肉から豚の耳のミミガーまでもが当たり前に食べられる。豚肉では甘辛い濃厚な味付けで、口に含めばとろけるような角煮ラフティーは泡盛に合う。市場に並ぶ魚は沖縄ならではの個性的な魚が多いが、中でも沖縄でグルクンと呼ばれるタカサゴのから揚げには独特の旨さがある。そのほかにも熱帯魚のように色鮮やかな青いイラブチャー(アオブダイ)や赤いミーバイ(ハタ)の刺身や煮つけもいける。太くてぬめりが強く歯ごたえがあるもずくも捨てがたいが、ウミブドウのプチプチと口の中ではじけるような食感も酒のつまみにはもってこいである。沖縄の独特の味には何度行っても魅了される。

研究所の調査の折、せっかく那覇まで来たのであるから、何かほかに「これぞ沖縄」というものはないかと国際通りを歩いてみたら、目に飛び込んできたのは、「千円ステーキ」の看板であった。ステーキというと夕食のごちそうというイメージがあるが一〇〇〇円ならと昼食でいただいた。ボリュームもあるし、昼食にはもったいないようにも思ったが、お値打ち感は高く、満足した。蛇足ながら、一〇〇〇円ステーキの店「やっぱりステーキ」は、今では沖縄県内店のほか、フランチャイズ店が含まれるとはいえ北は札幌から南は鹿児島まで五十店舗以上を出店している。令和二年六月には、コロナ禍にもかかわらず、首都圏でも吉祥寺に出店されたというので行ってみた。駅の南側の大通りから少し入った住宅街にあるその店は、それまで以上の工夫により経費を抑えて実現したと聞いているが、一五〇グラムの「かたまり」のような肉がジュウジュウと音をたてるステーキに、コンソメ卵スープ、マカロニと千切りキャベツのサラダ、ご飯が自由にとれて一〇〇〇円であった。家賃の高い東京でも一〇〇〇円ステーキは可能

「やっぱりステーキ」吉祥寺店

「センベロ」足立屋店内

なものか、心配しつつ健闘を見守りたいと思っていたら、ＪＲと京急の蒲田駅の間の商店街に東京二号店がオープンし、さらに都心の芝大門に三号店ができた。心配は杞憂に過ぎなかったようである。

ゼミ合宿の時、一〇〇〇円でべろべろ、通称「センベロ」が沖縄県民に受けているというので夜出かけてみた。国際通りから入った牧志公設市場近くの奥まった、観光客なら通り過ぎてしまいそうな場所にあるその店は、店主が東京の足立区出身であったので足立屋という店名になったという。酒三杯につまみ一品付き、強い酒ならべろべろに酔える。それどころか今では朝六時から一〇時までのモーニングサーヴィスはお酒二杯に目刺三尾付きで五〇〇円だという。どのような人たちがこのサーヴィスを利用し朝から楽しんでいるのか行ってみたいとは思ったが、まだ実現していない。その店では琉球大学の教員志望の学生と隣り合わせに座り雑談をした。昔、泡盛というと独特の香りがあまり得意ではなかったが、やはりこういう時は泡盛だろうと飲んでみた。素朴なつまみと合うのか、今のものの香りや味がよくなったのかわからなかったが旨かった。いうまでもなく三杯はあっという間になくなり、さらにもう一杯追加した。

沖縄には夜中二時頃に店が開く鮨屋があるという話を聞いた。その話を聞いた時には半信半疑であったが、宴会のスタートは一時間遅れは当たり前で、この「沖縄時間」の宴会は夜中まで続くことが多いため、宴会後の夜食を求める客がいるというのである。ゼミ合宿の折にも、沖縄国際大学のゼミの学生と共同懇親会を行ったが、時間通りには始まらなかった。なるほどと納得してしまった。懇親会は定番の飲み放題コースであったが、コース料理ではなく、好きなものを注文できるというのにも驚いた。この時は飲み放題でもあったので、当然のことながら沖縄のオリオンビールの生ビールを思う存分いただいた。ちなみに、戦後米軍管理下で第二次産業の育成を目的として立ちあげられたオリオンビールの本土復帰前の沖縄でのシェアは九割にもおよび、現在の国内シェアは一パーセントほどであるが、沖縄県内では五割を超えるという。

おわりに

沖縄の自然、サンゴ礁の魅力は、世界に誇れるものであろう。ブーゲンビリアやハイビスカスの花がまちに咲き、かりゆしウェアの人々の道行く光景は、ほかの国内観光地では見られない南国情緒を醸し出す。まちを歩いているだけで遠くに旅してきた気分になれる。若者にとっては、泳ぎ、潜るなどマリンスポーツを楽しむのに相応しい観光地が県内にはいくつもあり、そこにはリゾートホテルも多数建設されてきた。しかし、若者がターゲットの観光事業は中高年には若干躊躇するところがあるようにも思う。リゾート地は海で遊ぶのには便利でも、多様な料理を好む中高年が、ホテル内のレストランを除けば近隣でそれぞれ満足するような食事場所を見つけ、料理を楽しむことは難しい。市内で様々な好みの料理を楽しめるにしても、沖縄まで来て市内のホテル泊も何となくもの足りない。いかなる年齢層も満足するような対応は、逆にどの層からも支持されないものにもなりかねない。難しいものである。

このように観光についての問題点の解消とともに、市内経済の活性化に欠かせないのは、市民や周辺住民の日常生活における消費の増加であろう。大前提は、市民の消費の増大であるが、沖縄県では小売業や製造業で雇用の減少は続くものの、人口は増え、有効求人倍率も近年改善され、県民一人当たりの所得も増えている。しかし那覇市内の消費は低下しているのである。雪が多く寒さの厳しい冬の北海道で道民が車でショッピングセンターに出かけ、その店内ですべての買い物を終えるのと同様に、夏の沖縄では涼しい大型ショッピングモールでの市民の買い物、その賑わいは当然なのかもしれない。だが、市民の日常生活の消費がショッピングモールでの買い物で完結してしまうと、市民の中心市街地での回遊性を作らず、生活物資の購買の低下をもたらし、中小の商店の存続を危うくする。さらに郊外店での消費増大は、市内消費の流出、低下を引き起こしているのである。

こうした状況下で令和五年三月に建て替え工事を終え完全リニューアルした牧志公設市場は都心への市民、観光客の来訪を促進し、消費の増加をもたらしたと推測される。だが、さらに周辺商店街での市民消費の増加、地域活性化を目指すには、市場来訪者の市内回遊性を高める工夫をするなど、個性的なまちづくりを進めていく必要があるように思われる。

沖縄は独特の魅力をもち、それは沖縄県民ウチナンチュが育て、作り上げてきた賜物であろう。移住希望者は年齢を問わず少なくないし、好むと好まざるとにかかわらず、那覇には多くのヤマトゥンチュが住んでいる。しかし、平成一〇年代からの沖縄移住ブームも、移住が内包する様々な問題を抱えつつ鎮静化しているように思われる。旧来の住民と外来移住者が知恵を出し合って、両者がお互いをリスペクトして移住促進を含めまちの活性化を考え、沖縄独自のより良いまちづくりを進めてほしいと思う。

まとめ ―日本の都市の活性化を考える

はじめに

これまで日本の個別都市についてその特徴や観光、郷土の味、お酒などについて書いてきたが、それらを参考にしつつ、都市を元気にし、そこに居住し、生活する人たちが楽しい、元気な「まちづくり」について考えてみたい。その前提となるのは都市の発展とは何か、どうなることをもって「元気な都市」といえるのか、まずその点から考えてみたい。

都市の発展とは何か

都市の繁栄は、第二次産業の特に大企業の展開とともに語られてきた。工業生産は雇用の拡大をもたらし、都市財政に貢献する。したがって、多くの都市が工業誘致を進めてきた。しかし、大規模な工業化の進展による恩恵を受けられる都市はごくわずかである。地域経済の中心として、第三次産業が発展し、オフィスビルで多くの人が働き、日曜、祭日には市民、周辺住民が集まり、人口も流入して多くの消費が生まれた都市もある。大都市の近隣、周辺では、都心部で働く人々の居住が増す。しかし、日本国内の都市をみると、多くの都市で人口は減少し、活性化に苦慮している。書店の都市関連の棚にはそうした現状に対応する多くの都市活性化のヒントを与えることを意図した図書が並ぶ。

こうした都市全体の活性化には都市計画は欠かせない。しかし、都市内の中心市街地の活性化には再開発が重要な役割を果たし、それには計画的なまちづくりが大切であることはわかるが、ただ道路幅を広げ、中高層の多様な用途の建造物によって整然とした街並みを作り、人を集め、経済活動を進展させたとしても、必ずしも居住者が快適な生活ができるとは限らないように思う。一見非合理的で、多少不便であっても長い時間その地で培われてきたもの、住民にとっての愛着は大切にされるべきであろうし、住民も地域に対する思いをまちづくりに生かしてほしいと思うのである。

とはいえ、消費が増えなければ都市は活性化しない。大都市であれば高級衣料などの買い回り品を広く遠近各地からの顧客への販売の拡大も考えられるが、多くの都市では、消費の拡大には、居住者を増やして日常生活上必要な消費、すなわち食料品などの最寄り品の購入拡大を図るか、例えば観光客など外来者を増やしてその食事や土産物の購入や宿泊費などの拡大を図るしかない。

地域住民の消費の掘り起こし、拡大を目指して駅前周辺の大規模な再開発は全国で行われた。首都圏では、鉄道の高架化や地下化によって事故防止と線路を挟んで遮られていた人流を地域中心に集める試みが行われた。それによって市域を越えて駅前地域の人出は増加し、市内消費もまた増した。しかし、例えば、首都圏の府中は京王線の高架化と駅前再開発、有力百貨店誘致などによって駅前の賑わいは増したが、近隣調布の京王線地下化と駅前再開発、国分寺の再開発などの影響もあり、一〇年後には百貨店の撤退もあり、歩行者通行量は減少した。

本書ではほとんど踏み込むことができなかったが、都市の改善には都市内を均質な一つのものと考えず、様々なゾーンを有する都市のもつ多様性を考える必要もあろう。鉄道駅の周辺は確かに通勤、通学には便利であろうが、子育てにも理想的であろうか。共稼ぎ夫婦が子供を保育園に預けて会社に出かけるだけのことを考えれば都合がよいかもしれないが、子供たちをのびのびと遊ばせる公園や家族がのんびり散歩できる里山などは身近にはなく、むしろ休日にはそうした場への移動が必要であったりする。

都市を元気にする処方箋

都市を元気にすることを実現するためのすべての都市に共通する処方箋はない。人が時に病気にかかり、重病の場合には死に至ることがあるように、社会の変化などにより都市も活力を失ったりすることは少なくない。人の病への処方箋が人それぞれで異なるように、都市の発展のための処方箋もその都市の立地環境や状況などにより様々である。すなわち公共インフラの整備であるとか、最低限の条件では都市は活性化過程で共通するところがあったとしても、やはり各都市の個性に合わせた発展計画が必要である。

まずは、都市の現状を知ることである。現状は過去からのデータから知ることができる。しかし、都市に関するデータ、例えば来訪する観光客の動向について、あるいは中心市街地の通行量についての経年の変化などの記録の集積は各都市の関心度合いによって異なる。丁寧な調査データを有する都市もあればそうでない都市もあるが、必要なデータの集積は重要である。専門家や行政の過去のデータについての評価、分析結果に基づいて、まちづくりを考えることは大切なことである。単にまちが発展しているのかどうかは、出生数と死亡数の合計による自然増減や転出転入による社会増減による人口の動向、昼間人口、夜間人口の比率をはじめ産業の構成やその展開などの基礎的データによる評価からある程度推測できる。しかし、データは総論的理解から詳細な分析、対応を可能にするものであり、過去のデータ分析からまちの個性を知り、活かすことは、改善、改革を自信をもって実行する上で重要な意味をもつのである。

また、都市に関連したアンケート調査は現状を知る上でのもう一つの指標となる。アンケートには市民が感じている市の現状、望む都市に関するものと、外来者から見た都市に関するものがあり、前者は市民生活の向上を考える上で有意義であろうし、後者は外来者、周辺地からの来街者増や特に観光客の増加ならびにその消費の増大に向けての戦略、都市の経済的活発化への参考になる。例えば日本中に知れ渡った大きな祭典であっても、ただ来訪者による経済効果を享受するだけでなく、そのアンケート調査などのデータから改善すべき点を導き出し、進化させることによって、以後の維持、活性化が可能になるのではなかろうか。

まちを元気にするには

「便利であれば発展するか」、そもそも発展とは何なのかも考えさせられるテーマの一つである。便利さを追求するがゆえに、駅前開発はどこも同様の形となり、個性が失われる。たしかに、便利にすることによってある程度人は集められるかもしれないし、それによって消費も生まれるかもしれない。便利さを求めた都市の改造、変化の創出は、一時的には都市経済の活性化に貢献するかもしれない。しかし、個性のない都市に外来者は興味を示さず、遠来客の来訪を抑制するだけでなく、個性の喪失は市民のまちへの愛着の喪失にさえつながることもある。

なぜこのようなことが起こるのか、それは、まちづくりに市民が積極的に関与しない時に往々にして生じる。何かをしようとすれば、成功も失敗もある。失敗を考えると、市民が大胆な計画を強力に主張ができないのも事実であろう。どうしても、現状分析の結果得られた平均的な計画が採用され、無難なものになりがちである。しかし、長期的にみるならば、まちづくりにはその都市に住む市民の愛着から生じる、そのまちならではの特徴を生かした発想と実践が重要であるように思えるのである。そうした、地域内環境の改善や時には維持の実現によって、市民、居住する住民にとって誇れる個性豊かな都市、住みやすい都市を目指すべきではなかろうか。それはもしかしたら、多少不便なことを我慢しなければならないかもしれないし、ある時には少数意見になることもあるかもしれない。

住民こそが主役であるべきである。どのような改善、改革を望むかを率直に訴え、議論して、まちの将来を考え、育てていくのがまちづくりの根幹をなすように思う。「なにもないまち」などと「謙遜」

せずに、まずは住むまちの「いいとこ探し」をしてほしい。そのまちの特徴を生かした個性的なまちづくりが大切なのである。何もないからこそ夜空がみごとなむらとして評価され、発展しなかったから、昭和の時代を色濃く残したレトロなまちと評価され観光客が訪れたり、昔と変わらぬレトロな温泉と遠方からの客が来訪したりもする。このように、自らの居住する都市への思いをまちづくりの原動力とすることが何より大切であると思うが、他方で、学識経験者の意見を聞き、常にまちを外から眺める第三者目線での評価を確認し、市民間の議論を経て修正することを忘れてはならないし、改善改革の実現には行政のサポートを得ることも欠かせない。

各都市の財政には限りがある。各都市独自の改革はその都市単独で行わなければならないことが多いが、例えば外部から観光客を誘致しようとする時には地域の都市が協力して外部に発信すればその費用は分担できる。その上で、どれだけ外来者の滞在時間を増やし、市内消費の増大を競う、協力と競争という二つの「きょう」が、地域の都市を元気にしてくれる。市内消費の増加には外来者の市内回遊は欠かせない。それが宿泊につながれば、夕食などの消費によってまちの経済活性化に貢献することになろう。

さらに魅力的なまちへの移住の勧誘は、確実な消費の拡大という点で重要であろう。ただ、若年層の移住となると問題であったのは、働く場の確保という問題があった。しかし、これもリモートワークが当たり前になりつつある現在では決定的な欠点とはいえなくなった。熟年層、高齢者ならそもそもその心配もない。しかし、住み慣れた場所からの移住には勇気がいる。やはりこれまでの生活圏の友人との交友は維持したいなどの希望もあろう。たとえば同郷の夫婦二人が同じ故郷に移住というなら問題は少ないが、夫婦のうちどちらかの故郷、雪の多い北国などへの高齢者の移住はなかなか難しい。

市民が望むまちとは

市民アンケートをとると、例えば、「便利なまちと思うか」の設問には、ほぼどの都市でも、「非常にそう思う」と「非常にそう思わない」の両極の回答が出る。都心の居住者が郊外の都市に移住すれば、郊外の居住地は不便と感じられるのかもしれないが、この回答は同じ都市に住んでいても、地域によって意識に格差があることを示す指標でもある。おそらくは、この要因は、通勤、通学に利用する駅までの距離や駅までの移動手段との関連であろう。駅への距離がある、あるいは坂の多いような地で公共交通が十分に機能していない場合、その地の事情に合った移動手段の検討、実現も直近の課題であろう。

通勤、通学に便利な駅前なら、生活にも子育てにも優れた環境かといえばそれも素直にはうなずけないのは前述の通りである。たしかにアンケートの中で住みやすさを示す指標の上位には自然、医療、買い物があがる。地域内の医療や買い物環境の充実は必要不可欠であろう。日常生活品が歩いて容易に買え、子供が熱を出した時に駆け込める医院や病院がなければ住みよいとはいえない。さらに言えば、商品の購入は多様な需要に対応して選択できることが望ましい。それぞれの店が市民の需要を意識した商品の販売を競う時、市民も満足できる買い物になると思うのである。

商店街には広域型、地域型、近隣型の三つの型がある。大雑把にいえば広域型は県庁所在都市の中心商店街、地域型は各都市の中心商店街、近隣型は歩いていけるような身近な商店街ということになろう。日常生活では、このうち地域型、近隣型の商店街が重要になるが、近隣商店街が徒歩圏内なら、日常の買い物に不便はない。ただ、一般に近隣型の商店街は店舗数も少なく、取扱商品も限定されるなどの欠点があり、どうしても地域型商店街との相互補完が必要となる。地域型なら併せて買回り品の調達もできる。したがって、近隣型、地域型それぞれが、消費者目線を意識して改善が進められるべきであろう。近隣型でも複数店が競い合えば消費者がより満足することになろうし、一店でも地域内の消費者の買い物動向に則した商品揃えを心がければ消費者の理解は得られよう。しかし、例えば、近隣型商店街に魚屋、肉屋、八百屋などの一業種でも食材を商う店が欠ける「不完全商店街」になると、消費者はすべてがそろうスーパーマーケットや地域型商店街へと足を運ぶことになり、停滞が始まる。もちろんスーパーマーケットが地域住民の需要に応え、商店街のもつ賑わいを住民とともに一つの建物内にもたらすならば、それも住みやすいまちを作る選択肢の一つにはなろう。しかし、飲食店など多彩な業種で構成された商店街は住民にとって「社交場」の役割を果たす。こうした機能はスーパーマーケット内には作りにくいのも事実である。地域型商店街の場合には、広域型にない地域消費者の特性をとらえ、近隣型で購入しにくい商品揃えや広域型商店街との差別化をはかる必要がある。こうした点には地域の住民だけでなく、外来者による外からの目で見た評価も有効であろう。

西洋都市から学ぶもの

西洋都市は歴史的に醸成されてきた個性を有し、西洋市民は伝統的にその個性を大切にする。歴史的に発展した都市の立地条件がある。例えば邪魔な半島の付け根に位置する都市や水深の深い港と河川沿いのまちが発展した。西洋にも古代から都市があったが、近代西洋都市のルーツは中世都市であるといわれる。それは、古代都市が戦略拠点であったのに対し、中世都市は地域にとって必要なまちであり、だからこそ現在まで維持され、西洋では都市の数は現在まで変わらず、ほぼ同じなのである。多くの都市は、塩など地域内調達が難しいものを除き、生活に必要な鍋釜、農具などを農村に提供し、農村は都市に食料を供給する自己完結型社会を形成していた。万が一地域内で食料が不足した時には商人が余剰のある地から輸入し、余剰ができれば不足している地に輸出した。このようにして都市は一定の経済的自立を維持しながら広い社会とつながっていた。

市場と市民の居住、経済活動全般の場を市壁で囲い、市民自らがその安全を守り、市壁内の秩序を維持して、安全な生活と生産、商いが行われた。すなわち、安全を脅かすものがあれば、市民は武器を持って戦い、秩序を乱すものあれば、裁判で裁き、安全と秩序を維持したのである。このようにして、市民自治は西欧社会では長年にわたり育まれてきたのである。しかし、市民は安全とはいえ狭い空間での集合住宅での生活を余儀なくされたが、それは個々の市民のプライベートを尊重しながら、協力し合う市民意識の育成、向上をより一層強固なものへと育成していったとも思われる。窓際でささやかな鉢植えの植物を育て、身近な公園で遊ぶ子供たちをそっと窓から見守る隣人たちのやさしさがあった。

西欧の市民の「我慢」は日本では求められないであろうか。日本では、都心に庭つき一戸建てに住み、避暑用にセカンドハウスをもつ人は少なくないと思われるが、そうした状況に加え、限られた国土の中で「公園は広く」は無理なのである。どこかで多少の「我慢」をすることで、生活環境は改善されないであろうか。

例えば、都心への自家用車での通勤を我慢すれば、都心の駐車場に一台分のスペースが外来者のために用意でき、電車やバスといった公共交通機関の退化を抑制できる。市民が「迷惑をかけなければよい」から多少の不便さを「我慢」する意識をもつことで、市内の改善は一歩前進できると思うのである。さらに西洋同様に、「我慢」する一方で、限られた居住、生活環境の中で、できる限りの改善について住民が話し合い、提案することも重要である。

おわりに

各都市で活性化を実現したとしても、それも長くは続かない。常に立ち止まらず、次への一歩が踏み出されなければならない。どんな素晴らしい再開発などが行われても、その結果として市の消費拡大、経済活性化が実現しても、それで満足してしまうと以後の発展は難しい。新たな施作をとらぬまま立ち止まったたら、発展を継続することはもちろん維持すらできなくなることも事実である。現状維持は停滞、後退の始まりと考えるべきであろう。

他方で、市内の産業が活発に経済活動を進展し、雇用を拡大し、それに伴って市内人口が増大して市民の市内消費が増加して、市の経済が活性化することは望ましいことであるが、それとともに市民の居住環境が維持、改善されることも忘れるべきではない。

発展している都市は常にリニューアルされ、外見的にも美しく進化し、そこに住む市民はそれを誇りに思うに違いない。それが市民意識の向上をもたらすことも事実であろう。しかし、都市の再開発＝便利さの向上と考えられてはいないであろうか。便利になることは人の集まる要因ではあろうが、それによって個性が失われていくとすれば、時間の経過の中で、同じような都市が醸成されるというような、むしろマイナス効果を生み出すこともあろう。どこからも来やすくすることを考え整備された道路が、外部にも出やすくする役割を果たす結果となったり、通過する車を増加させる可能性があることも忘れてはならない。都市それぞれの個性を最大限に生かしながら、進化する都市の中にあって「変わらないもの」を大切に維持していくこともまた市民の大事な使命であるようにも思う。

参考文献等

司馬遼太郎『菜の花の沖』(三) 文春文庫、二〇〇〇年
函館市観光部観光企画課『平成二九年度函館市観光動向調査』
同『令和元年度(二〇一九年度)来函観光入込客数推計』令和二年(二〇二〇年)
函館市『函館観光基本計画(二〇一四‐二〇二三)』平成二五年
函館市総務部総務課『平成二八年経済センサス―活動調査　卸売、小売業に関する集計結果―』平成三一年
八戸市『東日本大震災　八戸市の記録』平成二五年
下田町『下田町統計書―平成一二年度版―』平成一三年
時舘公親『盛岡市中心市街地活性化基本計画の概要』平成二一年
盛岡市『認定中心市街地活性化基本計画の最終フォローアップに関する報告』平成三〇年
同『平成三〇年度中心市街地活性化につながるまちづくりプラン(盛岡市中心市街地活性化基本計画)のフォローアップに関する報告』令和元年
『盛岡市平成二六年商業統計調査結果報告』
『山形市中心市街地活性化基本計画』平成二六年、令和二年
いわき市『東日本大震災から一年　いわき市の記録』平成二四年
同『第五十一回いわき市統計書』令和二年版
総務省統計局『平成二七年国勢調査』平成二九年
『ことりっぷ　いわき』昭文社、二〇一八年

新潟市経済産業政策課『新潟市の産業二〇二〇』令和二年
斯波照雄『西洋の都市と日本の都市どこが違うのか—比較都市史入門』学文社、平成二七年
長野市企画課『平成一九年、平成二八年経済センサス—活動統計（卸売業・小売業）』
日本銀行松本支店『長野県における大河ドラマ「真田丸」の放映に伴う経済効果』平成二八年
金沢市『金沢市中心市街地活性化基本計画（平成二九年度〜平成三四年）』平成二九年
金沢市経済局営業戦略部観光政策課『金沢市観光調査結果報告書　平成三〇年（二〇一八年）』平成三〇年
金沢市都市政策局企画調整課『北陸新幹線開業による影響検証会議報告書』平成二九年
山出保『まちづくり都市　金沢』岩波新書、平成三〇年
静岡県統計協会『静岡県統計年鑑　平成一七年』平成一九年
同『静岡県統計年鑑　平成二一年』平成二三年
同『静岡県統計年鑑　平成二六年』平成二八年
掛川市『平成二九年通行量調査対比表』平成二九年
奈良市『統計書「統計なら」』令和元年版
斯波照雄『西洋都市社会史　ドイツ・ヨーロッパ温故知新の旅』学文社、二〇一八年
司馬遼太郎『播磨灘物語』（一）講談社文庫、二〇〇四年
姫路市『姫路市統計要覧（平成三一年、令和元年版）』
姫路市観光スポーツ局観光文化部観光推進課『Himeji City　平成三一年度令和元年度、姫路市入込客数・観光動向調査報告書』
松江市『平成三〇年度　松江市中心市街地活性化基本計画のフォローアップに関する報告』令和元年
小林明『なぜ酒豪は北と南に多いのか』日本経済新聞社、日経プレミアムシリーズ三二〇、二〇一六年
高知市商工観光部産業政策課（街路市係）『土佐の街路市の概要』平成二九年度版

下関市『統計しものせき（総合統計書）』
山口経済研究所『やまぐち経済月報二〇一七・二』
朝日新聞二〇二二年二月二三日朝刊
長崎商工会議所『平成三〇年　長崎経済概観』令和元年
熊本市『熊本市商業統計調査』
『グラフで見る！鹿児島市商業の状況』
鹿児島市『平成三〇年度中心主要商店街　歩行者通行量調査報告書』
鹿児島地域経済研究所『NHK大河ドラマ篤姫放映による鹿児島県への経済効果について』平成二〇年
那覇市『那覇市地域経済分析調査報告書』平成三一年
那覇市財務企画部企画調整課『那覇市まち・ひと・しごと創生総合戦略』平成二八年

著者略歴

斯波　照雄（しば　てるお）

1949年　生まれ
1975年　金沢大学大学院文学研究科修了
　　　　慶應義塾大学大学院経済学研究科を経て
1999年　中央大学商学部教授
2020年　中央大学名誉教授　経済学博士

〈主要編著書〉

『中世ハンザ都市の研究—ドイツ中世都市の社会経済構造と商業—』勁草書房，1997年

『商業と市場・都市の歴史的変遷と現状』中央大学出版部，2010年

『ハンザ都市とは何か—中近世北ドイツ都市に関する一考察』中央大学出版部，2010年

『西洋の都市と日本の都市どこが違うのか—比較都市史入門』学文社，2015年

『北海・バルト海の商業世界』悠書館，2015年

『西洋都市社会史—ドイツ・ヨーロッパ温故知新の旅』学文社，2018年

『中近世ハンザ都市の展開』中央大学出版部，2020年

日本の都市をめぐる—魅力ある都市《まち》づくりのヒント

2024年11月20日　第一版第一刷発行

著　者　斯波　照雄

発行者　田 中　千 津 子　　〒153-0064　東京都目黒区下目黒3-6-1
　　　　　　　　　　　　　　電話　03（3715）1501（代）
発行所　株式会社 学 文 社　　FAX　03（3715）2012
　　　　　　　　　　　　　　https://www.gakubunsha.com

印刷／新灯印刷

乱丁・落丁の場合は本社でお取替えします。
定価はカバーに表示。

ISBN 978-4-7620-3389-6

西洋都市社会史

ドイツ・ヨーロッパ温故知新の旅

斯波 照雄 著

定価2090円(本体1900円+税10%)

ISBN978-4-7620-2760-4　四六判/208頁

都市史からみた「もう一つのヨーロッパ史」。西洋の都市で都市社会の動向に深くかかわる歴史を学び、考察していく。ドイツ都市編（ハンブルク、リューベック、キール、メルン、ミュンヘン、トリア…）、ヨーロッパ都市編（ベルゲン、リヴァプール、エディンバラ、アムステルダム、グダンスク、パリ…）。興味のある都市部分から読み進めることも、掲載された歴史事象順目次に沿って読むことも可能。

西洋の都市と日本の都市どこが違うのか

比較都市史入門

斯波 照雄 著

定価1980円(本体1800円+税10%)

ISBN978-4-7620-2494-8　A5判/140頁

日本の都市と西洋の都市の違いはどのように生まれてきたのか。現在のヨーロッパ都市がどのような環境、経過の中でつくられてきたのか、その構造はどのようであったのかを解説。歴史的な形成過程、社会の変化、動向など、多くの人間が生活する空間としての都市の形成ということだけでなく、そこに生活する「市民」意識の相違の形成にまで立ち入り、両者の違いを探っていく。